中国粮食安全问题研究丛书

新型粮食生产经营主体培育

浙江省现代农业研究会
浙江省农村发展集团 课题组 著

中国农业出版社

图书在版编目（CIP）数据

新型粮食生产经营主体培育 / 浙江省现代农业研究会，浙江省农村发展集团课题组著．—北京：中国农业出版社，2014.11

ISBN 978-7-109-19069-6

Ⅰ.①新… Ⅱ.①浙… ②浙… Ⅲ.①粮食流通-流通业-研究-江苏省 Ⅳ.①F724.721

中国版本图书馆 CIP 数据核字（2014）第 070108 号

中国农业出版社出版
（北京市朝阳区麦子店街 18 号楼）
（邮政编码 100125）
责任编辑　闫保荣

北京中兴印刷有限公司印刷　新华书店北京发行所发行
2014 年 11 月第 1 版　2014 年 11 月北京第 1 次印刷

开本：720mm×960mm 1/16　印张：9.75
字数：180 千字
定价：30.00 元

课题组人员和单位组成

指导组组长： 段应碧　周国富

副　组　长： 王良仟　楼永志

成　　　员： 宋洪远　顾益康　黄祖辉　王建跃

研究组组长： 王景新

副　组　长： 郭红东　车裕斌

成 员 单 位： 浙江省现代农业研究会

浙江省农村发展集团

浙江大学中国农村发展研究院

浙江师范大学农村研究中心

协 作 单 位： 浙江省农业厅

杭州市萧山区农业局

宁波市鄞州区农业局

湖州市南浔区农业局

诸暨市农业局

嘉善县农业局

平阳县农业局

金华市婺城区农业局

江山市农业局

缙云县农业局

温岭市农业局

总　序

国以民为本，民以食为天，食以粮为源。古今中外无不把“粮食”视为治国安邦、施政福民之圭臬。粮食安全问题关乎国计民生，关乎社会发展，关乎政治安定，世界各国都把粮食安全作为国家经济、政治、社会安全的重要组成部分。如何解决好粮食问题，如何确保国家粮食安全，对于我国这样一个拥有13亿人口的发展中大国而言，具有重大而深远的战略意义，更是施政安民的第一要务。

改革开放以来，我国农业发展取得了举世瞩目的成就，粮食综合生产能力不断增强，粮食安全保障水平不断提高。特别是进入新世纪以来，我国农业连年丰收，主要农产品供求基本平衡。自2004年以来，我国粮食生产连续十年增产，到2013年，粮食产量达到60 193.5万吨，粮食生产突破历史最高水平，人均粮食产量达到或超过世界平均水平。我们可以自豪地说，我国用占世界9%左右的耕地、6%左右的淡水，养活了占世界20%左右的人口，为在全球范围内消除饥饿与贫困做出了巨大贡献。

我们还要清醒地看到，随着工业化和城镇化的深入发展，市场化和全球化程度的加深，实现粮食供求平衡的压力加大，保障国家粮食安全的任务艰巨。从中长期看，我国人多地少的现实难以改变，人增地减的趋势难以扭转，淡水资源短缺、地区分布不平衡的形势更加严峻；随着经济社会的发展、人们生活水平的提高，人口数量的增加、膳食结构的改变、粮食加工业的发展，粮食供求关系日益趋紧；国际粮食供求形势不容乐观，粮食价格波动剧烈，粮食市场跌宕起伏，对我国粮食供求和价格都将产生深刻影响。总的来看，我国粮食供求偏紧将成为一种常态，保障粮食安全的诸多隐忧更值得警惕和深思。

中共十八大报告明确提出，要加快发展现代农业，确保国家粮食安全和重要农产品有效供给。2013年12月召开的中央经济工作会议强调指出，要把切实保障国家粮食安全，作为经济工作的首要任务。2014年中央1号文件又进一步明确提出，要抓紧构建和实施以我为主、立足国内、确保产能、适度进口、科技支撑的国家粮食安全战略。要不断提升农业综合生产能力，确保谷物基本自给、口粮绝对安全。要更加积极地利用国际农产品市场和农业资源，有效调剂和补充国内粮食供给。要在重视粮食数量的同时，更加注重品质和质量安全；要在保障当期供给的同时，更加注重农业可持续发展。

为深入贯彻落实中共十八大、中央经济工作会议和2014年中央1号文件精神，全面系统地研究我国粮食安全的现状与未来，中国农业出版社组织国内权威专家编写了《中国粮食安全问题研究丛书》。粮食安全问题是一个十分复杂的问题，既涉及国内又涉及国外，既有生产问题又有流通问题，既有发展问题又有改革问题，既是经济问题又是政治问题，既有实践问题又有理论问题，需要各方面开展深入研究并进一步形成共识。该丛书共分12册，主要内容包括：粮食供求形势分析、粮食生产经营主体、粮食市场流通、粮食产业链和供应链、粮食安全预警机制、粮食主产区发展、粮食期货市场、粮食国际贸易等。该丛书立足中国国情，联系国际市场，紧扣粮食安全主题，从多角度、多方面深入分析研究有关粮食安全的影响因素，既注重理论分析，又有实证分析，并提出了很多有针对性的政策建议。该丛书作者均为粮食问题研究领域的权威专家学者，书中的很多观点和看法具有一定的创新性和前瞻性，不仅具有较高的理论价值，而且具有较强的应用价值。

该丛书是2013年中央农村工作会议后国内推出的首套全面系统介绍我国粮食安全问题的系列丛书。该丛书的出版对于增强我国粮食综合生产能力，确保国家粮食安全，加快粮食主产区发展，促进农民增加收入，推进农业现代化具有十分重要的现实意义。该丛书对于我们把握当前我国粮食安全的状况与特点，分析新形势下我国粮食安全面临的问题和挑战，研究解决我国粮食安全问题的对策和措施具有积极的推动作用。该丛书既可以作为我国农业战线广大干部职工和科技工作者学习和研究我国粮食安全问题的参考资料，又可以为政府有关部门制定完善我国粮食安全战略和保障国家粮食安全政策措施提供借鉴。

我国粮食安全问题不仅是一个现实性的热点问题，更是一个需要长期关注的重点问题。随着经济社会的发展，粮食安全问题的研究范围也在不断拓宽和深化，比如粮食价格形成机制和市场调控问题、粮食品种质量和食品安全问题、实现高产高效与资源生态永续利用问题等。希望社会各界有识之士继续关注粮食安全问题，深入研究粮食安全问题，积极探索解决粮食安全问题的有效途径和办法，为切实保障中国人的粮食安全做出更大的贡献。

宋洪远

2014年5月13日

序　言

党和政府历来高度重视“三农”工作，特别是十六大以来，中央把解决好“三农”问题作为全党工作的重中之重，出台了一系列惠农富农强农政策，我国农业农村发展取得了举世瞩目的成就。可以说，过去这十年是我国历史上农业发展最快、农村面貌变化最大、农民得实惠最多的十年。特别是粮食产量的增长超乎很多人的意料，粮食生产实现“九连增”、农民收入增长“九连快”。当前，我国粮食储备充足，市场秩序稳定，总体粮食安全有保障。

但不可忽视的是，因自然禀赋匮乏和人口基数过大，我国粮食安全保障的基础仍不稳固，粮食供求一直存在脆弱平衡、强制平衡、紧张平衡的“弱质三性”，国际社会也不断有人提出“谁来养活中国”，“中国真能使世界挨饿吗”等论调。在我国东南沿海发达地区，粮食生产的比较效益低，在农业物质投入成本和劳动力成本快速增长的形势下，农民种粮积极性受到影响，粮食生产的“兼业化”、“副业化”特征非常明显。以浙江省为例，据农业主管部门测算，种粮收益只是蔬菜的1/5，茶叶、水果的1/8，花卉苗木和水产养殖的1/20，“政府要粮”与“农民要钱”的矛盾非常突出。

正因为如此，粮食安全保障近年来一直是党委政府工作的“首位”和“首要目标”。十七届三中全会《决定》强调，要确保国家粮食安全，把发展粮食生产放在现代农业建设的首位。十八大报告提出，要“促进工业化、信息化、城镇化、农业现代化同步发展”，要“加快发展现代农业，增强农业综合生产能力，确保国家粮食安全和重要农产品有效供给”。全国各省（自治区、直辖市）也都把保障粮食安全的“米袋子”工程确定为行政首长亲自负责。

浙江省现代农业研究会是一个创新型的“智库”，是由大型国有企业牵头组建、政产学研一体的应用型研究机构，是涉农部门、高等院校、科研机构、专业协会、龙头企业、专业合作社等单位及有关领导、专家、学者、企业家等开展现代农业研究咨询与合作交流的平台，成立之初确定的首要研究任务就是粮食安全问题，通过深入调研把粮食生产和流通全过程逐个环节进行剖析研究。如何研究粮食安全，有多个切入点可选。研究会围绕粮食生产经营的微观主体开展调查研究，探寻东部沿海地区稳定发展粮食生产的可行之路，可以说是切入了当前粮食安全问题的要害，抓住了问题的根本，也起到了事半功倍的效果。

研究会开展研究的突出特点是组织方式创新。研究会章程提出要实现“政产学研、协同创新”。在这个课题研究的各环节，非常注重探索这样一条新路。在研究会的组织协调下，浙江省农业厅和有关县农业局参加进来了，他们帮助选定了调研对象，帮助组织实地调研；浙江大学、浙江师范大学的教师和研究生也进来了，他们一起制定调研方案、一起设计修改调查问卷、分头开展调查研究；浙江省农村发展集团为主的农业龙头企业也参加进来了，他们提供研究经费支持，积极配合开展调研访谈。可以说，在一个课题中整合这么多方面的资源，围绕一个选题能吸收这么多人的智慧，是非常难得的。

这个课题的研究成果之所以能引起国务院和浙江省委省政府领导的重视，取得好的效果，关键在于调研基础扎实。中央“八项规定”第一条就要求“到基层调研要深入了解真实情况，总结经验、研究问题”。在这次群众路线教育实践活动中，习近平总书记提出，“要深入调查研究”。当然，这是对领导干部提出的要求。我看研究会就执行得很好，他们的调查研究工作基础扎实。调查提纲和调查表进行了测试和反复修改，调查人员进行了事前专门培训，调查数据汇总后予以质询和认真核实，观点的形成有反复讨论交流、分片汇总提炼、数据案例相互印证等措施的保证。这样扎实的研究是难能可贵的，取得成效也是必然的。

当前，我国正处于深化改革的关键期。如何进一步推进改革发展，解决好“三农”问题，迫切需要更多、更好的调查研究来支撑。这对浙江省现代农业研究会这样的新生力量来说，也是加快自身发展的历史性机遇。希望研究会的同志们认真学习领会党的十八大和十八届三中全会精神，认真把握“四化同步”发展的内涵，正确处理好农业、农村、农民三者之间辩证发展的关系，更加重视对现代农业研究方向和重点的把握，更加重视在调查研究中应用科学方法，把研究会的工作搞得更好。

我相信，通过艰苦卓绝、持之以恒的努力，我国农业、农村和农民的面貌必将发生翻天覆地的变化，必将迎来更加灿烂美好的明天！

全国政协文史与学习委员会副主任 周国富

2013 年 11 月 12 日

前　言

为保障粮食安全，延续农耕稻作文化，保护生态环境，需要稳定粮食生产和培育新型主体。在调研基础上，课题组提出的培育新型粮食生产经营主体的思路和对策报告，获得国务院副总理、浙江省省长等领导9次重要批示。此次调研成果汇集成书，揭示了当前是谁在种粮，种粮是否还有效益，未来哪些主体将占主导等重要问题。

一、选题背景和研究意义

我国“四化同步”战略推进中，当数农业现代化最难实现，尤其是粮食生产的现代化更是难上加难。《中共中央关于制定国民经济和社会发展第十二个五年规划的建议》提出：“坚持走中国特色农业现代化道路，把保障国家粮食安全作为首要目标，加快转变农业发展方式，提高农业综合生产能力、抗风险能力、市场竞争能力。”可以说，粮食生产的现代化是我国农业现代化的“首要目标”。

大力发展粮食生产、率先实现粮食生产现代化是浙江率先基本实现农业现代化的必然要求。改革开放30年来，浙江省域工业化、城市化率先推进，在带来GDP、税收及农民收入增长的同时，也导致了耕地大量减少、农村优质劳动力向工商业和城市大量转移，农地非农化、耕地非粮化、农业兼业化（副业化）的“三化”倾向越来越严重。近几年来，浙江采取不断加大粮食生产补贴力度、深入推进社会化服务、着力建设粮食生产功能区等多项举措，使粮食生产基本趋于稳定。但粮食生产稳定的基础还不牢靠，生产下降的趋势还没有根本扭转，近20年来，浙江省粮食总产量持续下降，2011年全省粮食总产量与最高的1991年（1640万吨）相比减少了859.4万吨，降幅达

52.4%。我国东部沿海其他经济发达省市也面临着类似的问题，浙江作为其中的典型和代表，确保粮食保障安全的任务十分艰巨。

在中农办原主任段应碧和全国政协文史与学习委员会副主任、浙江省政协原主席周国富两位名誉会长的指导下，根据党的十八大和浙江省十三次党代会有关精神和浙江省委、省政府“干好一三五、实现四翻番”的要求，浙江省现代农业研究会（以下简称研究会）确定2012年首个重点研究课题为“新型粮食生产经营主体培育研究”，课题旨在摸清以浙江为代表的我国沿海地区粮食产业现状，重点是粮食生产经营主体发展阶段和水平，研究提出培育发展的思路与对策，为国家和地方促进实现粮食高产、稳产和可持续发展的决策提供重要依据。这对我国沿海发达地区的粮食保障安全乃至全国粮食保障安全具有重大现实意义，对我国加快现代化进程也将发挥积极影响。

二、研究方法、过程及成效

在省农业厅和10个产粮大县（市、区）农业局的大力支持下，研究会组织浙江大学中国农村发展研究院、浙江师范大学农村研究中心师生及省农发集团、研究会秘书处人员组成的调研队伍，选择浙江省浙北的杭州市萧山区、嘉善县、湖州市南浔区、宁波市鄞州区、诸暨市；南部的温岭市、平阳县、金华市婺城区、江山市、缙云县10个产粮大县、20个乡镇、80个村和13个粮食生产功能区开展“新型粮食生产经营主体培育”的专题调研。

主要调查5类粮食生产经营主体：种粮小农户指使用家庭劳动力，粮食生产经营面积不到20亩*的农户；种粮大户指以家庭劳动力为主，土地转入达到一定规模（20～100亩）的农户；家庭农场指以家庭劳动力为主，从事农业规模化（100亩以上）、集约化、商品化

* 亩为非法定计量单位，1亩=1/15公顷。——编者注

生产经营，并以农业收入为家庭主要收入来源的新型农业经营主体；粮食生产合作社指以种粮专业大户或家庭农场领头，吸引一部分小农户组建而成的生产合作组织；公司制农场指注册为公司法人的农场，包含工商资本办的农场企业等。经过5个多月的努力，课题组完成了调研任务，获得有效访谈记录92份，座谈会记录10份，入户问卷271份。

调查完成后，课题组召开了"浙江省粮食生产经营主体调研汇报讨论会"，整理了浙北五县和浙南五县调研材料，撰写了浙北、浙南粮食生产经营主体专题调研报告和浙江省粮食生产经营主体调查问卷统计分析报告，及若干案例研究报告。在上述材料基础上，经分析研讨，最后形成了一个研究总报告和两个政策建议报告。

上报国务院的报告，题目是"着力培育新型经营主体，促进粮食生产稳定发展"，副标题是"基于浙江省10个产粮大县调查情况的分析"。内容分三个部分：首先分析了稳定和发展东部沿海地区粮食生产的重大意义，主要是粮食安全、粮农增收、生态保护、文化传承等四个方面；第二部分着重从微观着手，对当前浙江省粮食生产的多元主体发展情况进行了分类剖析和横向比较，提出了需重点关注支持培育三类新型主体的基本观点，并对这些主体发展中面临的共性和个性问题和制约进行了总结分析；最后一部分针对性地提出加快土地流转、强化功能区建设、培养职业农民、完善生产服务、加强金融保障等政策建议。这个报告得到了国务院领导和浙江省委省政府领导的高度重视，先后分别作出9次重要批示，指出报告提出的意见值得重视。要求深入调研，大胆探索，积极创新农业经营体制机制，加大对新型生产经营主体培育力度，推动农业规模化、专业化、标准化发展，切实促进浙江省粮食生产持续稳定发展。这不仅是对调研成果的肯定，更是为实现粮食生产现代化指明了努力的方向。

我们很欣喜地看到，浙江省已经采取了强有力的措施来推进这方面的工作。2013年9月11日，浙江省政府在象山县召开现代农业园区和粮食生产功能区建设现场会。李强省长在会上指出，加快“两区”建设，是认真贯彻党的十八大精神和中央领导重要批示精神的具体行动，是转变农业发展方式的具体实践，是促进农业增产增效农民增收致富的重要途径；加快“两区”建设必须切实抓好“四个结合”，首先是抓好与农业适度规模经营的有机结合，大力培育和发展家庭农场，实现农业规模化、集约化、标准化生产经营；要大力培养有文化、懂技术、会管理的现代农业经营主体。我们相信，在各级领导的重视关心下，现代粮食生产经营主体的培育一定能取得可喜成效。

三、本书总体框架

为了更好地发挥调研成果的作用，课题组在调研系列成果的基础上，编辑出版了本书。本书主要由三部分内容组成：

第一部分是新型粮食生产经营主体培育研究总报告。这部分内容首先介绍了研究的选题背景和重要意义，分析了改革开放35年来及当前浙江粮食生产发展情况和面临形势，从微观着手对当前浙江省粮食生产的多元主体发展情况进行了分类剖析和横向比较，提出了需重点关注支持家庭农场、粮食生产合作社和种粮大户等三类新型主体，并对这些主体发展中面临的共性、个性问题和制约因素进行了梳理分析；最后提出了加强新型主体培育、加快土地流转、强化功能区建设、培育职业农民、完善生产服务、加强金融保障等六个方面的政策建议。

第二部分是专题调研报告。第一个专题调研报告是《浙江省粮食生产经营主体问卷分析报告》，基于本次调查的有效问卷数据，对浙江省10个县粮食生产经营主体的生产经营情况予以描述性统计分析。第二个专题调研报告是《浙江北部5县（市、区）粮食生产经营主体调查报告》，主要分析了浙江北部湖州市南浔区、嘉善县、杭州市萧山区、诸暨市、宁波市鄞州区5个典型产粮县（市、区）的生产经营主体的基本情况、面临的问题及发展趋势。第三个专题调研报告是《浙江南部5县（市、区）粮食生产经营主体调查报告》，主要分析了江山市、缙云县、温岭市、平阳县、金华市婺城区等浙江省南部5个典型产粮县（市、区）生产经营主体的基本情况、面临的问题及发展趋势。

第三部分是案例报告。主要介绍了所调查的一些典型生产经营主体，包括家庭农场、种粮大户以及粮食合作社等。

目　录

第一部分　新型粮食生产经营主体培育研究总报告

改革开放以来，我国粮食安全保障取得了举世瞩目的成绩。从 2004—2012 年，粮食生产实现“九连增”，总产量连续 6 年稳定在 10 000 亿斤*以上，人均占有量保持在粮食安全标准线 800 斤以上，粮食安全总体有保障。但是，由于自然资源紧缺和人口基数过大，我国粮食安全保障的基础仍不稳固，保障国家粮食安全仍然是一项长期艰巨的任务。

浙江等东部沿海地区，曾经是我国粮食的主产区。改革开放以来，随着工业化、城镇化的加快推进，日益密集的产业和人口挤占了本已有限的耕地等资源，浙江粮食生产出现了较大幅度的下降，自给率逐年降低，已成为我国粮食的主销区。从 1978—2012 年，浙江省粮食播种面积下降了 63.9%，粮食总产量下降了 46.6%。按常住人口计算，2012 年末浙江人均粮食播种面积仅为 0.34 亩，粮食自给率已不足 40%，年产需缺口达 1 200 万吨，是我国第二大缺粮省。

确保东部沿海地区粮食生产稳定发展，具有十分重要的意义。一是保障粮食安全的需要。如果这一地区的粮食生产稳不住，日益扩大的供需缺口就得靠大量进口粮食或国内远距离调粮来解决，这样就会削弱国家粮食安全保障的基础；二是促进粮农增收的需要。目前这一地区还有相当多的农民的收入还得靠粮食生产，稳定发展粮食生产，对实现农民收入翻番目标至关重要；三是保护生态环境的需要。改善这一地区的农业生态环境是推进美丽乡村建设的重要内容，正如习近平总书记所指出的那样，“水稻田就是湿地，种水稻本身也是一方美景”；四是传承农耕稻作文化的需要。浙江等东部沿海地区是传统的“鱼米之乡”，有着悠久的农耕文明史。坚持发展水稻等粮食生产，有利于传承农耕稻作文化和弘扬农业文明。

东部沿海发达地区稳定和发展粮食生产，关键是要培育新型粮食生产经

---

* 斤为非法定计量单位，1 斤＝500 克。——编者注

营主体，构建集约化、专业化、组织化、社会化相结合的新型农业经营体系，实现粮食生产经营的现代化。

一、浙江省和10个被调查县（市、区）的粮食生产基本态势

（一）浙江省粮食生产基本态势

1. 粮食生产规模逐年缩减，供需缺口进一步扩大

浙江省人多地少，随着工业化、城镇化加速推进，粮食生产形势十分严峻。2012年末全省常住人口5 477万人，粮食播种面积为1 877.33万亩，人均占有粮食播种面积约0.34亩，全省粮食产量783.48万吨，粮食需求总量1 974万吨以上，产需缺口约达1 200万吨，自给率不足40%，是我国第二大缺粮省份。

改革开放以来，浙江省粮食播种面积由1978年的5 208.3万亩，下降到2012年的1 877.33万亩，下降了63.9%；粮食总产量由1978年1 467.2万吨，下降到2012年的783.5万吨，下降了46.6%[①]。全省粮食播种面积和总产量呈现“双下降”态势。其中，2000—2001年下降幅度最大，2008年止跌企稳。最近5年，总产量基本稳定在770万～780万吨，播种面积稳定在1 800万～1 900万亩（图1）。在落实粮食生产扶持政策，推进社会化服务

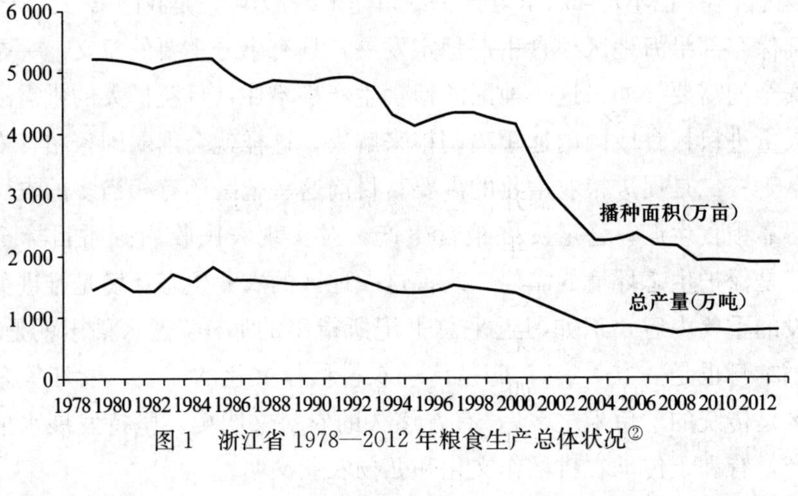

图1　浙江省1978—2012年粮食生产总体状况[②]

① 参见：浙江省统计局．浙江统计年鉴（2011）[M]．北京：中国统计出版社，2011：241；浙江省统计局．浙江统计摘要（2012）[M]．北京：中国统计出版社，2012：54.

② 数据来源：浙江省统计局．浙江统计年鉴（2012）[M]．北京：中国统计出版社，2012：54.

和推广农业“三新”技术等综合举措支撑下，浙江省粮食生产现代化步伐加快；2012年，粮食平均亩产达417千克，比全国平均水平高16.1%。

根据《浙江省粮食流通发展“十二五”规划》，到2015年，全省城市化率将达到63%，常住人口将达到5 600万人左右，粮食总消费量预计将达到2 095万吨/年，其中饲料用粮增幅较大，粮食总产量预计保持在800万吨/年，产需缺口扩大到1 295万吨左右，自给率将降低到38%左右[①]。粮食供求平衡任务十分艰巨。

2. 种粮比较效益低，粮农增收难度大

在农资成本和劳动力成本快速上涨的同时，粮食出售价格跟不上，导致种粮效益低，与经济作物的效益差距拉大。据浙江省物价局的调查，2011年，平均每亩早籼稻、粳稻收入仅为328.65元、827.56元（不包括补贴收入），若农民一年种植两季水稻，亩收入也仅为1 156.21元，只是蔬菜种植平均亩净收入的25.4%，更远低于葡萄、花卉等经济作物种植收入，与就近务工收入相比也差距甚大（表1）。虽然国家从2004年起多次提高粮食收购保护价，以粳稻为例，2012年收购保护价为140元，比2003年的70元提高了1倍，但粮食种植效益仍很低[②]。

表1　浙江省2011年各类农作物亩净收入状况[③]

农作物品种	早籼稻	粳稻	早籼稻+粳稻	蔬菜	葡萄	花卉
亩收入（元）	328.65	827.56	1 156.21	4 534.61	10 000～30 000	10 000～80 000

3. 土地流转价格快速攀升，耕地非粮化现象明显

浙江土地流转的价格近年来不断攀升。据统计，目前土地租金普遍在600元/亩以上，有的地方甚至达到1 000元/亩以上。如此高的土地租金，只能种经济作物，种粮食已无利可图，导致种粮面积大幅度减少，耕地非粮化、非农化现象更加突出。如图2所示，1978—2011年，浙江省“粮经比”指标呈逐年下降趋势，2000年粮经比例经历大调整，经济作物面积大幅增

① 内容摘取自《浙江省粮食流通发展“十二五”规划》。

② 叶新才，徐建华，等．2012．农业补贴政策回顾及政策建议．农村改革与发展，13（总第224期）．

③ 部分数据来源：2011年浙江省物价局价格与成本调查。

加；2011 年，浙江省粮经比已低至 0.90，经济作物播种面积超过粮食作物。

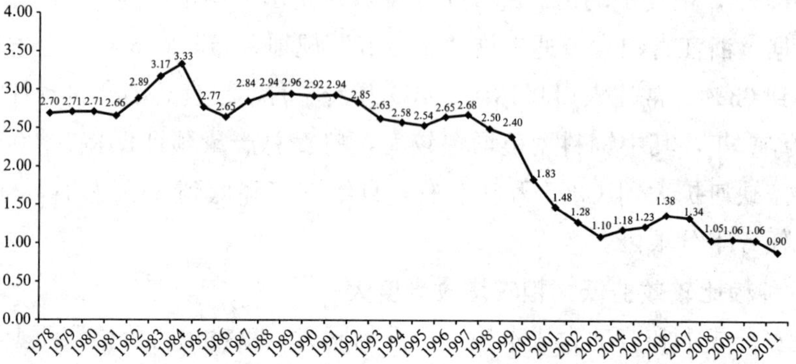

图 2　浙江省 1978—2011 年农作物播种面积粮经比指标

4. 农业劳动力快速转移，种粮兼业化现象突出

2000—2011 年，浙江省农村农业劳动力共向非农产业部门转移 402.43 万人，2011 年农业劳动力仅为 492.74 万人。农业劳动力的快速转移，一方面使农民收入、农民的消费水平、农业劳动生产率、农业机械化程度等得以提高；另一方面也对实现农业现代化、提升专业化水平提出了更高的要求。

与农业劳动力大量转移相关联，种粮兼业化现象普遍发生。种粮农民兼业化一定程度上促进了农民增收，但兼业化也促使耕地处于长期分散经营状态，不利于流转集中，不适应农业现代化、规模化发展的要求；其次，兼业也不利于劳动力素质和专业知识提高，影响剩余劳动力的转移。

（二）被调查 10 个产粮大县（市、区）近三年粮食生产态势

1. 粮食播种面积小幅下降，单产提升，总产量基本稳定

2010—2012 年，10 个县（市、区）的水稻播种总面积由 2010 年的 343.62 万亩，下降到 2012 年的 329.89 万亩，下降了 3.70％（图 3）。

被调研县（市、区）亩均产量逐年上升，从 2010 年的 466.25 千克，提升到 2012 年的 482.46 千克，3 年间亩均增产 16.21 千克（图 4）。依靠单产提升，10 县（市、区）粮食总产量从 2010 年的 16.02 亿千克，到 2012 年的 15.92 亿千克，基本保持稳定。但是 10 县（市、区）粮食播种面积的持续下降状况仍然令人担忧。

2. 机械化水平提升较快，农机化作业普及程度较高

从 10 个产粮大县情况看，粮食生产装备水平和机械化水平都有了长足

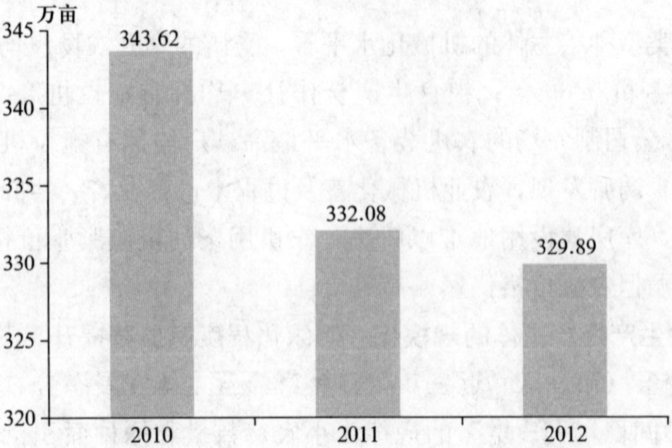

图 3　被调研县（市、区）近 3 年水稻播种面积变化情况

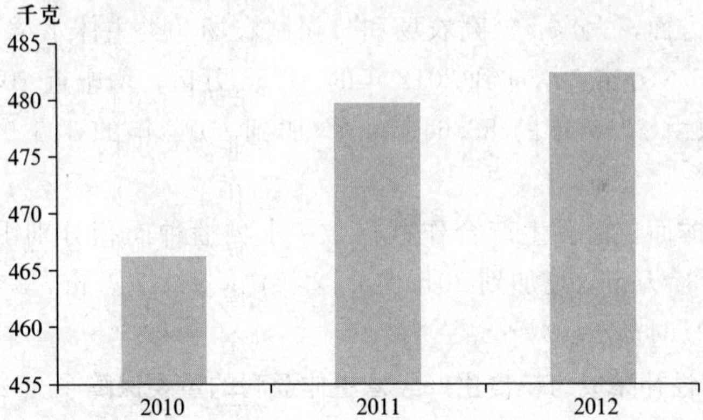

图 4　被调研县（市、区）近 3 年亩均产量变化情况

发展。农机化作业普及程度提高对提高粮食单产、减少自然风险、实现农业生产规模化经营发挥了关键作用。

根据调研情况，10 县（市、区）综合机械化率都已达较高水平，但机插率显著偏低，如地处沿海平原的温州市平阳县 2012 年机耕、机收比例超过 95%，机插率仅为 9.9%；浙中盆地的婺城区水稻生产耕种收综合机械化率 68%，其中机耕率 98%，机插率 12%，机收率 96%。主要原因一方面在于农户不了解机插的优势，许多农户还沿袭传统的直播作业方式；另一方面则是粮食生产规模化程度低，大部分农田仍由普通农户分散耕种，一家一户下种。

从不同类型种粮主体的机械化水平看，受访的家庭农场户均拥有拖拉机1.48台，收割机0.66台；粮食生产合作社户均拥有拖拉机2.77台，收割机1.46台；公司制农场的农机装备水平最高，户均拥有拖拉机5.4台，收割机2.5台。调研发现，农业机械化普及过程中也存在着一些问题：如农机利用率偏低，库房建设用地难以解决，农机用柴油供应紧张价格上涨过快，虽有购置补贴但农机价格仍然偏高等。

3. 粮食生产经营主体的规模化、组织化程度有显著提升

从10个县（市、区）近三年粮食生产经营主体发展态势看，总体呈现“小户减、中间稳，大户增”的规律：小农户数量和播种面积持续下降，大户数量保持稳定，家庭农场和粮食生产合作社快速扩张，公司制农场处于萌芽期。

规模化方面，大户、家庭农场和公司制农场3类主体水稻种植面积由2010年的76.3万亩，增加到2012年的91.55万亩，增幅近20%；户均水稻播种面积由2010年的86.64亩，增加到2012年的105.97亩，增幅为23.11%。

组织化方面，粮食生产合作社户数、水稻播种面积分别由2010年的441户、34.37万亩，增加到2012年的523户，38.37万亩，3年间增长了18.59%、11.64%。

4. 政策性补贴成为粮食生产经营主体盈利的重要保障

种粮补贴在激励农民种粮、化解成本上升压力和保障种粮收益中发挥重要作用。从实施层级看，可分为国家、省级，以及市县（乡镇）三级；从补贴力度看，省以上补贴增长幅度高于地方补贴力度，省以上补贴是地方补贴的2倍多。据统计，2011年，浙江省共发放各类粮食生产服务补贴27.55亿元，其中，省以上补贴资金17.73亿元，地方补贴9.82亿元[①]。国家农业补贴包括：粮农直接补贴、农资综合直补、农作物良种补贴、农机购置补贴；省级农业补贴包括：粮油种植大户直补、订单稻谷奖励、农机作业环节

① 叶新才，徐建华，等.2012.农业补贴政策回顾及政策建议.农村改革与发展，13（总第224期）.

补贴、水稻良种补贴等；市、县（市、区）、乡镇出台的农业补贴包括配套中央和省出台的相关补贴等。

10 县调查显示：2012 年，被调查种粮农民亩均补贴为 157.65 元，占其亩均净收益（566.68 元，不包括补贴）的比重高达 27.82%，使得政策性补贴成为种粮主体盈利的重要保障。其中，种粮小农户亩均补贴 90.39 元，占种粮收益比重的 11.62%；种粮大户 94.02 元，占种粮收益比重的 16.19%；家庭农场为 194.57 元，占种粮收益比重的 46.40%；粮食生产合作社 159.90 元，占种粮收益比重的 53.73%；公司制农场亩均补贴最高，达 218.27 元，占种粮收益比重的 53.46%。虽然种粮农户亩均补贴近三年来逐年增加，但粮食生产成本的不断上涨抵消了一部分政策补贴效应。

种粮农户普遍获得了种粮直补、良种补贴、农资综合补贴、统防统治作业补贴，而农机购置补贴、租地补贴以及农业保险补贴视种植规模而定，种植规模越大的农户，得到该补贴政策的机会就越大。政策性补贴提高了农民种粮积极性，扭转了粮食生产连年下滑的趋势；但也有许多县乡干部反映粮食补贴政策多而杂，操作成本高，尤其是普通农户补贴金额少、户数太多、情况非常复杂，实施工作量非常大。

5. 生产社会化服务体系进一步完善，粮食服务合作社最受信赖

近年来，调研县（市、区）各类粮食生产服务主体发展较快，初步形成了政府部门公益服务、村级社区基本服务、合作社专业服务、市场组织有偿服务等多元化支撑的社会化服务体系，并有向功能互补的社会化服务体系推进的趋势，此次调研共调查四类粮食服务主体 79 家。其中，粮食服务合作社成为亮点，是最受种粮农户信赖的服务主体。2012 年，样本县（缺诸暨）拥有各类服务性合作社 1 279 家，主要提供农机服务、植保服务，可以承担政府服务外包的职能，近来有向生产与服务并举的综合性合作社发展的趋势。在政府公益服务、村集体经济组织社区服务供给不足，同时市场化服务组织发育缓慢的情况下，服务性合作社特别是集生产与服务为一体的综合性合作社成为当前生产服务的主要提供者。

从 10 个县（市、区）的调研情况看，受访种粮农户获得服务的具体情况是：从水稻生产经营各环节看，耕地、植保和收割服务覆盖率超过 60%，储存和加工服务比例最低，均不超过 20%；从受访种粮农户对各环节服务的满意度看，粮食加工、储存服务评价最高，满意度都是100%，耕地、育秧、插秧、植保、收割、运输的满意度均在90%以上，烘干服务非常低，仅为9.74%。不同规模、不同类型的粮食生产经营主体的服务需求呈现差异化。种粮小农户和大户对产前、产中环节服务需求较大；家庭农场、粮食生产合作社、公司制农场更加关注产后环节的服务，其产前、产中多依赖自有农机。

但生产社会化服务体系仍存在一些问题，主要是：服务主体数量不足、供给存在较大缺口，尤其是农业技术和信息服务较为缺乏；政府公益服务发展不均衡，许多地区机构不完善，人员不到位；村级社区服务职责不明确，相当多的地区存在农田水利设施维护等基本服务缺位；服务性合作社主要为成员服务，尤其是为大户服务，有内部化的倾向；市场化服务组织急需予以引导和规范。

6. 粮食生产功能区建设成效显著，已成为发展粮食生产的主平台和推进粮食生产现代化的示范窗口

浙江省粮食生产功能区自2010年开始建设，省政府专门出台了一系列鼓励和支持粮食生产功能区建设的政策文件，专设了资金项目。各县（市、区）政府层面均明确了领导推进体制，制订了建设规划，出台了配套政策。到2012年末，样本县（缺缙云县）共建成粮食生产功能区694个，粮食播种面积92.46万亩，粮食总产量达到47.5万吨（表2），其中，功能区内水稻总产量达46.77万吨，占调研县水稻总产量（159.16万吨）的29.39%，功能区成为发展粮食生产的主平台。

表2　2010—2012年样本县（市、区）粮食生产功能区建设情况

	2010年			2011年			2012年		
	合计	浙北	浙南	合计	浙北	浙南	合计	浙北	浙南
数量（个）	224	154	70	484	348	136	694	524	170
粮食播种面积（万亩）	39.18	28.99	10.19	72.65	50.62	22.03	92.46	64.42	28.04
粮食总产量（万吨）	19.22	14.74	4.48	37.94	26.73	11.21	47.50	34.47	13.03

本次共调研粮食生产功能区13个，其特点如下：

一是统一规划，分期分批联片建设，产生较好示范效应。南浔区实施

“一方九点”项目，即在区级层面建立一个集中连片 1 500 亩以上的示范方、九个镇各建一个集中连片 1 000 亩以上的示范点，在相邻乡镇规划建设万亩粮食生产功能区；婺城区将汤溪镇、洋埠镇 18 个村的 12 000 多亩耕地集中连片建设，形成万亩省级粮食生产功能区，产生了良好的示范作用。

二是农田基础设施和灌溉水利用得到明显改善。通过功能区建设，道路、渠道、电网、泵站以及水闸、涵管等得到一次全面改造提升，渠道质量和防渗效果等提高，形成“田成方、林成网、路相通、渠相连、土肥沃”的新格局。功能区集中建设粮食生产服务设施，有利于提高利用效率，在推广良种、实施良法、推行良制方面体现出规模效益，也适合粮食生产向规模化发展的新形势。

三是社会化服务水平较高。功能区内基本上有一家以上粮食生产、农机、植保合作社或农机服务中心等社会化服务组织，在功能区内开展统一机械作业、育供秧、植保、水浆管理、烘干以及代耕、代育、代种、代管、代收等社会化服务，社会化服务覆盖率平均达 80%以上。如湖州市南浔区华扬粮油专业合作社，其作为南浔大虹桥粮食功能区的主要服务提供组织，配备各类农业机械 30 多套，为功能区及周边农户提供服务。

四是政策补贴向功能区倾斜。除了普惠性的政策补助，专门针对功能区水稻生产的扶持项目主要有：水稻生态补贴试点，对功能区内土地流转率达到 80%以上或流转总面积超过 500 亩的规模经营主体给予的每年 3 万～5 万元奖励，统一服务补助、农作制度创新补助、农机装备水平补助等。

五是产量水平普遍高于所在区域平均水平。从 2010—2012 年数据看，功能区及其所在县水稻亩产均连续提升，功能区亩产水平明显更高（图 5）。从个案看，宁波市鄞州区洞桥镇宁锋粮畈粮食生产功能区的大户许跃进，在区内种植“甬优 12”，百亩方平均亩产 963.6 千克，刷新了单季晚稻百亩方高产纪录。

从调研情况看，粮食生产功能区已初步起到集聚粮食产业的功能，按照“新型经营主体＋区域化布局＋社会化服务”的模式实现规模化经营。其中，功能区内新型经营主体应在规模化经营、社会化服务、机械化程度、扶持补贴、粮食种植方面具有绝对优势。因此，种粮大户、家庭农场和粮食生产合

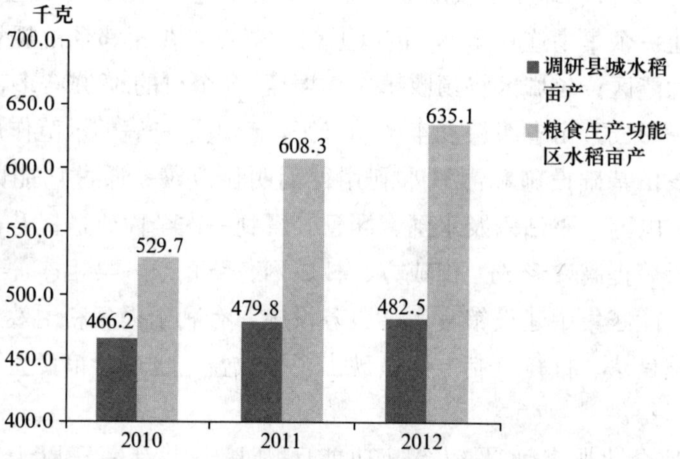

图 5　被调查县功能区近 3 年水稻亩产情况

作社无疑是粮食生产功能区最适合的主体选择。

但是，粮食生产功能区发展中面临的问题必须予以重视。一是功能区建设“上热下冷”的情形较明显，加上功能区维护资金需求大，有些地方虎头蛇尾，不可持续的情形比较明显。二是种粮农户一方面对功能区建设带来的经济效益表示认可和支持，另一方面由于功能区内种粮农户参与度过低、在决策上无发言权，因而对于功能区建设并不关心，甚至因为功能区基础设施改善，耕地非粮化倾向反而有所抬头。如有的功能区建好后，农民转而种植葡萄，又把水渠破坏了。三是功能区制度设计有待完善，政府大量投资建成的基础设施产权归属不清晰，维护责任不明确。四是区内生产服务体系有待进一步完善。

二、被调查 10 个产粮县（市、区）粮食生产经营主体分析

（一）粮食生产经营主体呈现多元化

从浙江省调研情况看，可以将现有的粮食生产经营主体大体上分为种粮小农户、种粮大户、家庭农场、粮食生产合作社和公司制农场等 5 种类型，各类生产经营主体的特征见表 3。

1. 种粮小农户

从这次调查的 96 户看，这类农户主要是一些留在农村的老年农民，甚

至还有80多岁的老人在种田。文化程度低，大多为小学及初中以下文化。种植规模小，多数为2～5亩，兼业化现象比较普遍。家庭年经济收入大多在4万元以下，其中水稻种植收入不到1/5，以水稻收入为主的家庭，收入多在2万元以下，只能维持基本生活。小农户种粮主要靠经验，以自己种田为主，粮食供家庭消费。

表3　五类粮食生产经营主体分类特征

经营主体	分类特征
种粮小农户	使用家庭劳动力，粮食生产经营面积小于20亩的农户
种粮大户	以家庭劳动力为主，土地转入达到一定规模（20～100亩），多集中在20～50亩之间
家庭农场	以家庭劳动力为主，从事农业规模化、集约化、商品化生产经营，并以农业收入为家庭主要收入来源的新型农业经营主体（100亩以上）
粮食生产合作社	大部分以种粮专业大户或家庭农场领头，吸引一部分小农户组建而成的合作组织
公司制农场	注册为法人企业，包含工商资本办的农场企业等

2. 种粮大户

从这次调查的57户看，这类农户主要是由一部分小农户通过流转土地、扩大种植规模发展而来的。多为土生土长的农户，也有一些是外来的农户；以中年农民为主，文化程度比小农户稍高一些，有种粮的特长和兴趣。经营规模大多在20～50亩，平均为41.13亩，不过土地连片程度还比较低，基础设施条件还比较差。多数家庭收入在3万～10万元，在当地属于中下水平，与就近务工收入相当。也有不少大户开展粮蔬轮作或从事养殖业的，收入来源主要为非粮。以家庭劳动力为主，辅以季节性的雇工，还购置少量的农机，对粮食生产的社会化服务需求较大。生产的粮食主要出售给国有粮食收储企业，也有小部分由商贩上门收购或通过市场销售。

3. 家庭农场

从这次调查的82家看，主要由村干部、外出务工经商返乡人员和一些种粮大户创办，土地主要从本村其他农户和外村农户流转，从事农业规模化、集约化、商品化生产经营。农场负责人以中年为主，平均49岁，文化水平以初高中为主。家庭收入主要来源于粮食生产，有七成的家庭达到 10 万元以上，近四成的家庭达到 20 万元以上，在当地属于中上等水平。土地经营规模 100 亩以上，户均 309 亩，集中程度明显好于种粮小农户和种粮大户。生产基础设施比较完善，有一定的自我发展能力。主要靠家庭劳动力生产，还有季节性的雇工和少量的常年雇工。生产机械化水平比较高，户均拥有拖拉机 1.5 台，耕整机 0.7 台，插秧机 1.7 台，收割机 0.7 台，烘干机 0.8 台，对社会化服务需求主要是储运、加工等产后环节。粮食商品率比较高，早稻主要是通过订单出售，晚稻主要是通过市场销售。

4. 粮食生产合作社

从这次调查的 30 家看，主要是由种粮大户或家庭农场领头，联合一些小农户组建的。这些粮食生产合作社主要有两种类型：一种是土地入股、合作社统一经营、按入股土地分配盈余；另一种是土地不入股、承包农户自主经营、合作社统一提供服务。合作社负责人多为种粮大户或家庭农场主，文化水平以初高中为主，多数有外出经商办厂或者担任过村干部的经历。土地经营规模差异比较大，最少的 100 亩，最多的达 3 800 亩。机械化程度普遍较高，社均拥有拖拉机 2.8 台，耕整机 1.3 台，插秧机 2.6 台，收割机 1.5 台，烘干机 2.3 台。以互助方式主要为社员提供服务，也为周边其他农户提供服务。粮食商品率比较高，早稻主要由政府合同收购，晚稻通过市场销售。

5. 公司制农场

从这次调查的 6 家看，样本比较少，大体上可分为三种类型：第一种是由种粮大户或家庭农场注册登记为公司的；第二种是在合作社基础上组建公司的；第三种是由工商企业联合种粮农民组建公司的。总体来看，公司负责人文化程度较高，年龄相对较轻；农场土地规模较大，连片程度较好，平均水稻播种面积达 2 661 亩；机械化程度在 5 类主体中最高，自我发展能力较强，粮食商品率非常高。

到 2012 年底 10 个调查县（市、区）合计，小农户 106.36 万户，水稻播种面积占 65.59%；大户 6 616 户，面积占 7.21%；家庭农场 2 015 户，面积占 16.48%；合作社 523 个，面积占 10.16%；公司制农场 8 个，面积占0.56%。

（二）粮食生产经营主体规模化趋势明显

1. 种粮小农户数量和播种面积均连年下降

2010—2012年，10个县（市、区）种粮小农户数量由113.26万户减少至106.36万户，减少了6.9万户；水稻播种面积由250.79万亩减少至247.61万亩，减少了3.18万亩。主要原因是：一部分无种粮意愿的小农户流转土地退出粮食生产，另一部分有条件有意愿的向种粮大户或家庭农场提升发展。

2. 种粮大户数量基本稳定但播种面积下降

大户数量稳定在6 600户左右，但水稻播种面积下降较为明显。2010—2012年，由34.46万亩降至27.21万亩，下降了7.25万亩。从调研情况看，大户分化发展的态势非常明显：一些发展快的大户跃升为家庭农场，一些土地流转困难的大户退为小农户，同时有部分小农户发展为新生大户，大户总体数量保持稳定。许多大户为提高经济效益，扩大非粮作物种植或水产养殖等，挤占了水稻种植面积。

3. 家庭农场与合作社数量及播种面积逐年增加

2010—2012年，家庭农场户数增加了19.5%，播种面积增加了53.46%，是小农户以外播种面积最大的主体。粮食生产合作社户数增长了18.59%，播种面积增长了11.64%。这两类主体的快速增长，一方面是本身素质能力较好，另一方面也是受益于政策对规模化、组织化粮食生产的倾斜。

4. 公司制农场数量虽少但规模很大

从10个县（市、区）的调研情况看，公司制农场非常少，大部分县对公司制农场并未专门统计，还看不出发展的趋势。从播种面积看，最大的一家达到4 550亩，超过了最大的家庭农场，也超过了最大的粮食生产合作社。

（三）不同类型粮食生产经营主体的生产经营特征比较

从调研情况看，不同类型粮食生产经营主体，在经营者素质、经营规模、成本效益、要素获取投入、服务需求、现代化程度、种粮意愿等方面分析具有不同的特征（表14），具体如下：

1. 经营者素质比较

从调研情况看，粮食种植规模越大，经营者文化素质越高，平均年龄越轻。种粮小农户和大户的文化程度较低，以初中、小学为主；家庭农场、粮食生产合作社和公司制农场经营者中，高中及以上文化程度的比重分别为23.17%、34.48%和66.67%，且大部分有经商办厂或担任村干部的经历。年龄分布方面，小农户老龄化态势明显，平均年龄为56岁，65岁以上占比最高；大户和家庭农场相对年轻，平均年龄分别为53岁、49岁，65岁以上占比仅为7.02%和1.23%（表4）。

表4　不同粮食生产经营主体年龄分布情况

单位：%

种植规模＼年龄	35岁以下	35～45岁	45～55岁	55～65岁	65岁以上	平均年龄（岁）
种粮小农户	1.04	14.58	32.29	37.50	14.58	56
种粮大户	1.75	19.30	36.84	35.09	7.02	53
家庭农场	4.94	27.16	38.27	28.40	1.23	49

2. 生产经营规模比较

从调研情况看，小农户平均2.33亩，多分布在2～5亩；种粮大户平均41.13亩，最大规模80亩，多在20～50亩；家庭农场均在百亩以上，最多的高达1 998亩，平均为308.78亩；粮食生产合作社最少的为100亩，最多的达3 800亩，社均733.66亩；公司制农场平均为2 660.88亩。从规模发展态势看，近3年10个县小农户平均规模基本不变；大户粮食播种面积有所下降，从2010年的户均48.43亩下降到2012年的41.13亩；家庭农场规模增长较快，从2010年的户均240.44亩增长到2012年的308.78亩；合作社粮食生产面积呈上下震动态势；公司制农场因样本较少，均值的统计意义不高。

3. 种粮成本效益比较

从调研情况看，近3年种粮农户每亩生产总成本呈逐年递增态势，尤其是土地租金、农资价格刚性增长。分主体类型看，小农户亩均生产成本最低（土地租金费用低），种粮大户其次，家庭农场（土地租金高）、公司制农场（物资费用高）亩均生产成本均较高，粮食生产合作社在上述成本以外，在其他费用中还要分摊管理费用，因此亩均生产成本最高（表5）。

表5　不同类型粮食生产经营主体 2010—2012 年每亩成本构成情况

单位：元

成本 / 种植规模	每亩生产总成本			物资费用		
	2010	2011	2012	2010	2011	2012
种粮小农户	792.85	847.69	925.61	563.23	594.52	623.59
种粮大户	908.71	952.73	1 012.41	490.89	516.96	552.95
家庭农场	993.20	1 103.37	1 322.30	516.09	541.39	562.23
粮食生产合作社	1 314.94	1 334.77	1 459.62	655.09	618.97	641.63
公司制农场	1 206.39	1 217.24	1 373.16	650.18	607.25	728.72
种粮小农户	100.39	102.63	118.70	188.73	205.60	235.58
种粮大户	272.48	296.73	334.55	158.65	160.61	194.61
家庭农场	445.06	487.66	568.08	255.93	264.87	319.86
粮食生产合作社	377.39	434.47	495.35	410.45	448.55	468.06
公司制农场	344.89	371.47	379.26	151.85	147.92	224.95

从调研情况看，在种粮效益方面，2012 年小农户平均年种粮净收益为 5 922元，大户为 30 179 元，家庭农场达 165 685 元，合作社为 192 944 元，公司制农场达 520 180 元，符合随经营规模增长种粮效益增长的规律。从每亩效益看，亩均产量和净收益随种植规模扩大而呈逐渐降低，但公司制农场产量和效益由于规模递增而双增。种粮小农户亩均净收益 778.19 元；种粮大户为 580.66 元，家庭农场为 419.36 元，粮食生产合作社为 297.61 元（其中，3 个样本亏损，剔除反映亏损的样本后 355.12 元），公司制农场为 408.32 元。但若不考虑土地租金，家庭农场亩均净收益最高，达 987.44 元，远高于小农户（表 6）。

表6　不同类型粮食生产经营主体 2012 年种粮效益情况

效益 / 主体类型	亩均产量（千克）	亩均年净收益（元）	剔除地租后亩均净收益（元）	户（社/企）均年净收益（元）
种粮小农户	605.68	778.19	896.89	5 922
种粮大户	541.29	580.66	915.21	30 179
家庭农场	517.23	419.36	987.44	165 685
粮食生产合作社	503.33	297.61	792.96	192 944
公司制农场	721.38	408.32	787.58	520 180

从调研情况看，形成不同类型生产经营主体成本和收益差异的原因主要有：①种粮小农户、大户多依赖自身劳动，精耕细作，生产成本较低（特别是土地租金费用低，大部分为自有承包地），土地单位产出效益高，但由于其土地种植规模小，户均收益水平非常低。②家庭农场和粮食生产合作社生产经营规模较大，较多使用社会服务和雇佣劳动，机械化程度较前两类主体高，因此，单位面积成本也较高，但其户均或社均年收益也处于较好水平。粮食生产合作社因其管理费用等造成的其他费用较高，导致其亩均净收益相对较低。③公司制农场相比大户和家庭农场，在流转土地上更有规模优势，企业财力、人力雄厚，机械化程度高，科技应用水平高，市场推广能力强，其种粮综合效益显著。④表6显示的粮食亩均产量和年净收益，规模越小的农户反而越高。但是，剔除土地租金成本后，家庭农场亩均净收益最高，达987.44元，大大高于种粮小农户。因此，亩均产量和净收益随种植规模扩大而呈逐渐降低趋势的主要原因在于大户的土地流转租金高。因此，应重点加大种粮大户、家庭农场、粮食生产合作社等经营主体的土地租金补贴，降低他们的土地租金费用，提高亩均净收益。

4. 生产要素获得和投入情况比较

从调研情况看，不同类型粮食生产经营主体在土地整理、技术、劳动等投入方面也有明显差异。具体表现在：

（1）土地整理方面。小农户和一般规模经营户因多种原因没有开展土地整理或仅有一些简单的土地整理，只有规模达到数百亩或千亩的经营户才会实质性开展土地整理；水利设施建设方面，在浙江主要是由地方政府投入建设和维护。种粮小农户和大户土地连片程度低，多分布于边缘地带，难以进行土地整理，水利设施也相对较差；多数家庭农场因土地整理费用太高、流转土地合同期短、便于今后归还等原因，很少进行上规模的土地整理，水利设施基本由政府提供但不完善，目前对机耕路及水利设施整修需求大，亟须政府予以支持；粮食生产合作社重点反映政府建设的水利设施老化现象突出，导致合作社机械化操作效率低，要求对机耕路及桥、渠道等基础设施进行修缮；公司制农场与前4类主体相比，在土地流转上占有优势，一些经营规模千亩以上的开展了土地整理和水利设施修建。

（2）劳动力方面。种粮小农户、种粮大户、家庭农场、粮食生产合作社和公司制农场平均拥有劳动力数呈递增态势。种粮小农户依赖家庭自有劳动力；50%以上的种粮大户使用雇工，生产用工以季节性雇工为主；家庭农场劳动投入除家庭劳力外，还有季节性雇工和常年雇工；粮食生产合作社因社员构成不同，生产用工有季节性雇工和常年雇工两种形式，其中93.33%的合作社有常年雇工，66.67%的拥有季节性雇工；公司制农场劳动投入依赖常年雇工，所有被调查公司制农场都拥有常年雇工，在农忙时节，83.33%的公司制农场将会补充季节性雇工（表7）。

表7　被调查不同类型粮食生产经营主体的劳动力投入状况

主体类型＼劳动力投入	户（社/企）均劳动力（人）	没有雇工（%）	季节性雇工（%）	常年雇工（%）
种粮小农户	1.66	91.58	1.05	20.00
种粮大户	1.94	47.37	1.75	70.18
家庭农场	4.26	2.44	35.37	95.12
粮食生产合作社	9.40	0	66.67	93.33
公司制农场	21.50	0	83.33	100.00

（3）技术方面。种植规模越大的生产经营主体，越倾向于通过相关培训来获得生产技术。小农户和大户多自己摸索；家庭农场、粮食生产合作社和公司制农场负责人中有80%以上会通过选择相关培训来获得种植技术（表8）。

表8　被调查不同类型粮食生产经营主体技术获得情况（多选）

单位：%

种植规模＼技术获得	自己摸索	父辈传授或向别的农户学习	相关培训	其他
种粮小农户	56.38	38.30	50.00	5.32
种粮大户	57.89	31.58	73.68	3.51
家庭农场	62.20	28.05	82.93	2.44
粮食生产合作社	50.00	16.67	86.67	3.33
公司制农场	33.33	66.67	83.33	16.67

（4）资金方面。小农户基本依靠自有资金，较小比例（3.16%）的有民间借贷；种粮大户的资金来源主要靠自有资金，民间借贷（10.71%）和信

用社贷款（17.86%）为辅；家庭农场中，23.17%有民间借贷，34.15%有信用社贷款，15.85%有银行贷款，4.88%有订单农业预支资金；粮食生产合作社中，26.67%有民间借贷，30%有信用社贷款，23.33%有银行贷款，13.33%有订单农业预支资金；公司制农场在获得信贷方面有优势，66.66%有信用社贷款或银行贷款，16.67%有订单农业预支资金（表9）。

表9　被调查不同类型粮食生产经营主体资金来源情况（多选）

单位：%

资金来源 种植规模	自有资金	亲戚朋友等民间借贷	信用社借贷	银行借贷	订单农业预支资金	其他
种粮小农户	100.00	3.16	0.00	0.00	0.00	0.00
种粮大户	92.86	10.71	17.86	1.79	1.79	1.79
家庭农场	73.17	23.17	34.15	15.85	4.88	0.00
种粮专业合作社	73.33	26.67	30.00	23.33	13.33	3.33
公司制农场	66.67	50.00	33.33	33.33	16.67	16.67

5. 社会化服务需求和获得情况比较

从调研情况看，不同粮食生产主体对社会化服务需求差别较大：种粮小农户由于年龄偏大，在产前（耕地）、产中（收割）阶段高度依赖社会化服务，因所产粮食主要用于家庭消费，其产后阶段服务需求低。种粮小农户总的服务需求缺口在五类主体中最大；大户对社会化服务需求大，仍有一定的需求缺口未得到满足；家庭农场对服务需求偏向产后环节，粮食产前、产中环节服务基本满足要求；粮食生产合作社由于大部分集生产与服务为一体，目前仅在储存、加工环节有一定服务需求；公司制农场对外服务依赖度最低，产前、产中服务实现100%，产后服务也实现了66.67%的高获得率（表10）。

6. 农业机械拥有情况比较

从调研情况看，不同种粮主体随其种植规模的扩大，机械拥有的水平相应提高。从大型机械拥有状况看，小农户、大户、家庭农场、合作社及公司制农场户均拥有各类农机数量分别为：0.036台、0.286台、1.07台、2.09台及4.59台，明显呈递增特征（表11）。

表 10　被调查不同类型粮食生产经营主体社会化服务的现状与需求情况

单位：%

服务环节		耕地	育秧	插秧	植保	收割	烘干	运输	储存	加工
种粮小农户	服务需求	82.28	58.23	51.90	68.35	82.28	32.91	20.25	11.39	27.85
	服务现状	72.73	37.50	37.50	60.23	86.36	12.50	15.91	2.27	19.32
	需求缺口	9.55	20.73	14.40	8.13	−4.09	20.41	4.34	9.12	8.53
种粮大户	服务需求	64.00	54.00	64.00	68.00	86.00	48.00	28.00	18.00	22.00
	服务现状	58.49	45.28	56.60	62.26	86.79	41.51	24.53	9.43	7.55
	需求缺口	5.51	8.72	7.40	5.74	−0.79	6.49	3.47	8.57	14.45
家庭农场	服务需求	67.16	49.25	56.72	68.66	85.07	65.67	47.76	22.39	25.37
	服务现状	65.75	41.10	49.32	68.49	80.82	58.90	46.58	13.70	9.59
	需求缺口	1.41	8.16	7.40	0.16	4.25	6.77	1.19	8.69	15.78
粮食生产合作社	服务需求	75.00	70.00	75.00	85.00	80.00	60.00	40.00	40.00	40.00
	服务现状	88.00	72.00	80.00	84.00	84.00	60.00	52.00	36.00	32.00
	需求缺口	−13.00	−2.00	−5.00	1.00	−4.00	0.00	−12.00	4.00	8.00
公司制农场	服务需求	33.33	66.67	33.33	66.67	33.33	66.67	0.00	0.00	66.67
	服务现状	100.00	100.00	100.00	100.00	100.00	100.00	66.67	66.67	66.67
	需求缺口	−66.67	−33.33	−66.67	−33.33	−66.67	−33.33	−66.67	−66.67	0.00

表 11　被调查不同类型粮食生产经营主体大型机械户均拥有情况

单位：台

种植规模 \ 大型机械	拖拉机	耕整机	插秧机	收割机	烘干机
种粮小农户	0.11	0.01	0.00	0.06	0.00
种粮大户	0.72	0.19	0.26	0.19	0.07
家庭农场	1.48	0.74	1.68	0.66	0.79
粮食生产合作社	2.77	1.32	2.59	1.46	2.30
公司制农场	5.40	2.80	8.50	2.50	3.75

7. 劳动生产率比较

从不同种粮主体的劳均年产出量和年净收益来看，基本呈现随着经营规模加大而提升的态势。公司制农场劳均年净收益最高为 80 359.57 元，家庭农场其次为 61 267.93 元。粮食生产合作社由于管理费用等较高而出现反常现象。种粮小农户劳均年净收益最低为 4 353.65 元（表 12）。

表 12　被调查不同类型主体 2012 年劳均年产出量、劳均年净收益情况

效益 / 主体类型	户（社/企）均劳动力（人）	劳均年产出量（千克）	劳均年净收益（元）
种粮小农户	1.66	3 357.52	4 353.65
种粮大户	1.94	16 252.78	16 700.00
家庭农场	4.26	65 682.42	61 267.93
粮食生产合作社	9.40	103 878.43	28 217.36
公司制农场	21.50	93 279.76	80 359.57

8. 未来粮食生产意愿比较

不同主体未来种粮意愿有很大区别。种粮大户、家庭农场、粮食生产合作社和公司制农场均表达了强烈的扩大种植面积的愿望，小农户种粮积极性较低，多数选择将减少播种面积（表 13）。

表 13　被调查不同类型粮食生产经营主体未来种植打算

单位：%

未来打算 / 种植规模	继续扩大面积	减小面积	保持不变	不种	合计
种粮小农户	9.38	10.42	78.13	2.08	100.00
种粮大户	57.89	1.75	40.35	0.00	100.00
家庭农场	67.90	2.47	29.63	0.00	100.00
粮食生产合作社	70.00	3.33	26.67	0.00	100.00
公司制农场	50.00	0.00	50.00	0.00	100.00

而对是否希望子女将来继承种粮事业，91.11%的小农户和 77.78%的大户不希望子女继承，42.5%的家庭农场负责人和 83.33%的公司制农场负责人希望其子女继承父业。

确定哪些优势主体作为培育重点，关键看是否具有较好的稳定性和发展潜力。从调查反映的情况看，家庭农场与种粮小农户和种粮大户相比，负责人经营素质较高、种粮规模较大、持续投入能力较强、机械化水平较高、种粮效益较好，是商品粮主要提供者。大多数家庭农场经营者未来种植意愿非常积极，有不少的经营者还希望子女将来也从事粮食生产。在调查的 5 类经营主体中，家庭农场从事粮食生产的稳定性最好、发展的潜力最大，应当作为今后重点培育的新型粮食生产经营主体。种粮大户与种粮小农户相比，在生产经营能力、要素投入能力、农业综合效益上有一定优势；与家庭农场相比，种粮大户在资金和劳动投入上相对较少、风险较小、经营灵活性较大，尤其是在土地难以集中连片的山区和丘陵地区也具有明显的比较优势，大多数又有扩大生产的积极性，应当作为今后积极扶持发展的新型粮食生产经营主体。粮食生产合作社联合种粮小农户、种粮大户和家庭农场，采用先进生产手段，增加资金等要素投入，把握市场供求和价格信息。通过生产互助、资源共享、风险共担、品牌共创，带动种粮小农户、种粮大户、家庭农场，实现生产集约化、经营规模化、服务社会化，应当作为今后大力支持发展的新型粮食生产经营主体（表 14）。

与前三类新型粮食生产经营主体相比，种粮小农户老龄化的问题比较突出，多数不具备规模化生产的能力，对扩大粮食生产的积极性不高，生产的稳定性不强，发展的潜力不大，但当前小农户的粮食生产面积最大，口粮问题主要靠自己解决，对国家粮食安全有一定的支撑作用，应继续给予支持和帮助。公司制农场在采用先进生产经营管理方式、增加资本和技术等要素投入、扩大粮食生产经营规模、提高农业综合效益等方面表现突出，但是公司制农场对雇工依赖程度过高，有的农场有大规模流转耕地从事非粮经营的倾向，应给予积极关注和有序引导。对由种粮大户、家庭农场转型为公司和农户联合组建公司，仍主要从事粮食生产经营的应作为新型经营主体给予积极培育，引导发展适度规模经营；对工商企业直接租赁农户承包地从事粮食生产经营的，应建立准入和监管制度，防止从事非粮经营活动。

从调查反映的情况看，具有明显优势的种粮大户、家庭农场、粮食生产合作社等主体，在发展壮大过程中还面临一些突出问题亟待解决：一是部分主体经营规模偏小。调研数据表明，从事粮食生产的家庭农场经营规模在 300 亩以上、家庭年收入达到 16 万元以上，才能保证他们的积极性；以种粮为主、发展多种经营的大户规模可小一些，但收入也需要达到当地中等以上水平才能稳下来。当前因土地连片流转难度大，现在部分家庭农场和多数

表 14　不同粮食生产经营主体特征比较

经营主体	主体素质	经营规模	要素投入	种粮效益	服务需求状况	现代化程度	种粮意愿	发展趋势
种粮小农户	年龄构成偏大，集中在 55 岁以上，平均年龄 56 岁；文化程度较低，以小学、初中为主	经营规模小，集中在2～5 亩，户均 2.33 亩	土地依赖自有承包地或从本村小规模流转，连片程度低；户均劳动力 1.66 人，大部分无雇工；靠自己摸索获得技术；资金来源于自有资金	收入水平不高，种植水稻亩均净收益 778.19 元；年均种粮收益为 5 922.41 元。水稻种植收入占比 20%以下	对产前、产中环节服务需求大，产后环节服务需求小	机械化程度低，户均拥有机械 0.036 台；劳均年产出量为 3 357.52千克，劳均年净收益为 4 353.65 元；商品率最低	种粮积极性低；对种粮前景不看好	数量与水稻播种面积连续下降，但在各类粮食生产主体中仍占最大比重
种粮大户	以中老年为主，平均年龄 53 岁；文化程度偏低，以小学、初中为主	经营规模集中在 20～50 亩，户均 41.13 亩	土地大部分从本村其他农户处流转，连片程度低；户均劳动力 1.94 人，以季节性雇工为主；大部分自己摸索获得技术；资金来源于自有资金、民间借贷、信用社借贷	收入在当地下中等水平，与务工相当。种植水稻亩均净收益 580.66 元；年均种粮收益为 3.02 万元	对服务需求大，耕作、收割和售粮主要通过购买社会服务来完成，对产前、产中需求大	达到一定机械化程度，户均拥有机械 0.286 台；劳均年产出量 1.63 万千克；劳均年净收益为 1.67 万元；商品率较高	种粮意愿较高；对种粮前景较不看好	数量保持稳定，因土地流转困难或种植其他非粮作物导致水稻播种面积下降

（续）

经营主体	主体素质	经营规模	要素投入	种粮效益	服务需求状况	现代化程度	种粮意愿	发展趋势
家庭农场	以中青年为主，平均年龄49岁，大部分有经商办厂或担任村干部经历；文化程度较高，以初中、高中为主	经营规模差异大，最少的为100亩，最多的高达1 998亩，户均308.78亩	土地大部分从本村其他农户、外村农户处流转，连片程度较好；户均劳动力4.26人，有季节性和常年雇工；80%以上选择培训获得技术；自有资金比重减小且资金来源多元化	收入在当地中上等水平，多数在10万元以上。种植水稻亩均净收益419.36元；年均种粮收益为16.57万元	对产后环节服务需求高	机械化程度高，户均拥有机械1.07台；劳均年产出量较高，为6.57万千克；劳均年净收益较高，为6.13万元；商品率高	种粮意愿高；对种粮前景较看好	处于快速成长期，户数和水稻播种面积逐年增加
粮食生产合作社	负责人有外出经商办厂或担任村干部的经历；文化程度较高，文化水平以初中、高中为主	经营规模因入社成员多寡而差异较大，最少100亩，最多达3 800亩，社均733.66亩	土地大部分从本村其他农户、外村农户处流转，吸引一部分小户的自有承包地；户均劳动力9.40人，有季节性和常年雇工；80%以上选择培训获得技术；自有资金比重减小且资金来源多元化	种植水稻亩均净收益297.61元（剔除反映亏损的样本后355.12元）；年均种粮收益为19.29万元	对外服务依赖低，同时为周边农民提供服务，仅在储存、加工环节有一定服务需求	机械化程度高，社均拥有机械2.09台；劳均年产出量最高，为10.39万千克；劳均年净收益低，仅为2.82万元；商品率高	种粮意愿高；对种粮前景较不看好	处于快速成长期，户数和水稻播种面积逐年增加
公司制农场	负责人文化程度较高，以高中、高中以上为主	经营规模大，企均高达2 660.88亩	在土地流转上占有优势，土地来源方式多样化；户均劳动力21.50人，有季节性和常年雇工；80%以上选择培训获得技术；自有资金比重减小且资金来源多元化	种植水稻亩均净收益408.32元；年均种粮收益为52.02万元	对外服务依赖度低，基本上自我服务	机械化程度在5类主体中最高，企均拥有机械4.59台；劳均年产出量高，为9.33万千克；劳均年净收益最高，为8.04万元；近100%商品率	种粮意愿高；对种粮前景很看好，大部分希望子女继承	处于萌芽期，有一定发展潜力

种粮大户规模还比较小；二是粮食综合生产条件滞后。一些地方粮食生产相关设施非常薄弱，机耕路不成网、农机无法下田，沟渠堵塞排水不畅、沟渠不配套，农机具和粮食库房短缺等问题较为突出；三是经营者素质亟待提升。尤其是一些大户经营要上规模，经营者素质和管理能力急需提升；四是生产服务跟不上。从调研情况看，浙江粮食生产服务体系发育还很不健全，服务的组织化程度和专业化水平不高，对粮食生产支持能力还有待提升；五是信贷和保险服务供给不足。粮食生产经营规模越大，面临的风险越大，对信贷和保险的需求也就越大。从调研情况看，即使是一些上规模的大户和家庭农场，都很难从银行获得贷款；农业保险虽然有但覆盖面比较窄、赔付标准比较低、理赔手续比较繁琐。

（四）粮食生产经营主体发展演变的趋势

从调研情况看，各类不同类型的粮食生产经营主体各有其优缺点和适应其发展的条件，随着工业化、城市化和农村人口老龄化的不断提高，各类粮食生产经营主体会呈现不同的演变趋势（图 6），具体如下：

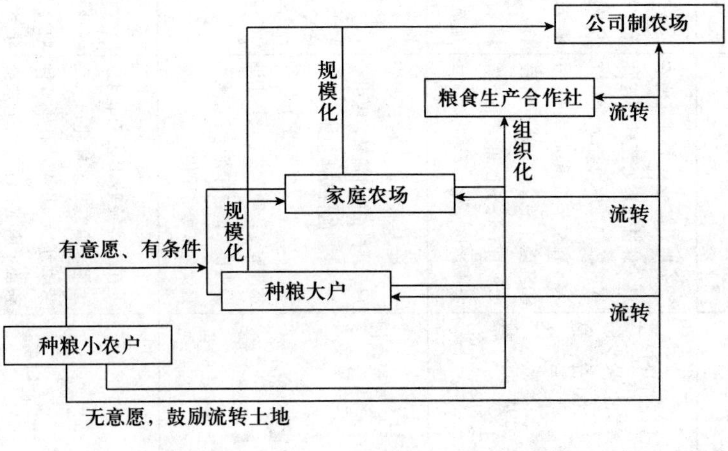

图 6　粮食生产经营主体发展演变关系图

1. 种粮小农户不仅比重大而且将长期存在，必须强化对他们的支持和帮助。但由于其年龄偏大，种粮规模小，种粮效益低，现代化水平不高，难以成为现代粮食生产的新型主体，应根据其基本条件和继续从业的意愿加以分类引导：一部分无种植意愿而退出粮食生产的，鼓励其向其他主体流转土地，一部分有条件的向种粮大户或家庭农场提升发展。

2. 种粮大户与小农户相比在经营规模、种粮效益、现代化程度和种粮意愿上有一定优势，应是培育主体之一。面临的主要问题是：一是土地过于分散，导致机械化水平难以进一步提升；二是生产经营规模不经济，种粮大户收入水平不高，且存在一定的非粮化现象；三是对社会化服务依赖程度较高；四是自身素质水平还不能适应现代化粮食生产的要求；五是资金来源渠道窄，银行贷款困难。应有针对性地开展培训，强化服务，帮助解决资金借贷、扩大规模的问题。

3. 家庭农场发展条件较好，有稳定可观的种粮收益，灵活的经营方式，要素投入有保障、现代化程度高，是重要的培育主体。目前，面临的突出问题：一是土地集中连片的难度大、流转时间偏短、租金持续提高、租约不稳定，因此不敢投入土地整理和农田水利设施建设；二是由于社会化服务水平不够，导致雇工多、雇工成本高，对社会化服务的需求强烈；三是规模大、投入大，对自然灾害农业保险的需求大。应重点研究解决土地流转的问题、建设生产用房的问题，以及售粮补贴、农业保险等问题。

4. 粮食生产合作社的发展有助于提升产业组织化程度，实现资源共享、互助服务、风险共担、品牌共推等效果，尤其是在带动小农户方面作用显著，应是今后重点扶持培育的主体形式之一。粮食生产合作社面临的问题：一是许多合作社组织较为松散，稳定性差，缺乏有效的治理结构，中小农户发挥作用不明显；二是开展互助合作仍处于探索期，主要集中于产前、产中环节，对产后环节尤其是开展粮食加工、市场推广等高层次合作还很少见；三是管理成本高，导致合作社运营效益低下。应重点引导其加强组织建设，延伸产业链，提升合作层次和合作成效。

5. 公司制农场虽然在实现土地规模化经营、扩大粮食种植面积、提升农业现代化水平等方面表现突出，但也出现了一部分工商资本大规模流转耕地从事非粮产业的情况。因此，对于公司制农场发展，应加以规范、引导和支持：对种粮大户或家庭农场注册登记转为公司，或种粮农户联合组建公司的应视同规模化发展的新型主体，加强培育扶持，引导其达到适度规模。

三、加快培育新型粮食生产经营主体的意见和建议

（一）加强新型经营主体培育

培育与现代农业产业发展相适应的新型经营主体，是推进农业现代化的基础工程。当前，加快培育新型粮食生产经营主体已成为确保粮食生产稳定发展，加快实现粮食生产现代化的一项紧迫任务。从调查情况看，种粮小农户虽然量大面广，但其种粮规模小，种粮效益低，现代化水平不高，难以成为现代粮食生产的主体，而种粮大户、家庭农场、粮食生产合作社虽然户数占比较低，但粮食播种面积已占到了总面积的近 1/3，且呈逐年增加趋势，这三类主体种粮效益好，长期种粮意愿高，规模化、机械化、产业化水平提升速度快，已经初具现代粮食生产经营主体的雏形。因此，只有加快培育种粮大户、家庭农场、粮食生产合作社这三类新型主体，才能率先推进粮食生产现代化，促进粮食生产稳定发展。

（二）加快农村土地有序流转

近年来，东部沿海地区农村劳动力转移较快，就地就近向二、三产业转移比重较高、余地较大，进一步加快土地流转有现实可行的条件，同时这一地区粮食规模化生产对土地流转集中又有非常迫切的要求。为稳定发展粮食生产，应在坚持依法自愿有偿的前提下，引导农户承包土地重点向种粮大户、家庭农场、粮食生产合作社 3 类主体流转，推动流转长期化、规模化、机制化，使粮食生产经营主体能达到适度经营规模。①建立土地流转补贴制度。对转出土地的农户给予一定的补贴，鼓励有条件的农户加快转出土地；在土地流转价格过高、涨幅过快的地区，对 3 类主体转入土地也要给予一定的补贴。②在重点产粮县（市、区）或乡镇建立土地集中流转平台。平台主要发挥集合区域耕地供需信息，提供评估鉴证服务，撮合交易等功能；通过平台交易机制，形成合理的土地流转价格。对通过平台承租土地达到一定规模的，要设置资质条件门槛，主要是在粮食生产专业技能、经营管理能力等方面实施综合评价，凡不符合条件的不能在平台上承包经营土地。土地流转补贴主要通过平台发放，推动土地连片集中和向 3 类粮食生产主体集中。结合浙江嘉善等地经验，土地流转可先集中到村集体，再通过流转平台或公开招标方式流转，中间环节不收费。③推广使用耕地承包经营权流转标准合

同。作为合同要件，流转时间至少5年，鼓励签订8年以上期限合同，逐步实施网签合同。加强合同执行全过程监督，及时有效调解、仲裁合同纠纷。

（三）改善粮食生产条件

落后的农业生产条件非常不利于粮食生产现代化。构建形成完备的粮食综合生产条件需要大量的资金投入，单靠粮食生产经营主体自身的积累是远远不够的，政府必须加大这方面的投入。政府投入的重点是搞好基础设施建设，包括兴修水利、平整土地、建设旱涝保收的高标准基本农田，以及为规模化生产配套的集中晾晒、烘干、仓储等设施。政府投入应集中使用，一片一片地搞，搞一片成一片，并采取果断措施确保永不占用。光投入还不行，还应重视维护管理，不断创新管理方式，实现可持续发展。基础设施的产权可明确到所在地的村集体，由村集体负责日常管护，根据管护水平和利用效率政府予以费用补助。浙江省规划建设粮食生产功能区是个好办法，在具备条件的地区可加以推广。

（四）提高粮食生产经营者素质

新型粮食生产经营者应当是有文化、懂技术、会经营、善管理的职业农民。针对当前经营者素质普遍不高、不能适应粮食生产现代化要求的实际，必须加大对他们的培训力度，提高他们的生产技能和经营管理水平。培训可采取多种方式，重点对3类新型主体的经营者分期分批进行，费用主要由政府承担。培训方法因地制宜，要有一套针对性强的培训教材，有一支由农业生产技术专家和经营管理专家组成的教师队伍。通过3到5年的努力，使3类主体经营者的生产技能和经营管理能力基本适应粮食生产现代化的要求。从长远看，还应加强培养青年职业农民和实用人才。可指定农业院校设置农场经营等相关专业，开设农业技术、农机操作、农业企业管理等操作性强的课程，采取定向招生的方式，培养从事规模化、专业化、现代化粮食生产的专门人才。有条件的地区可创设专门的粮食职业院校。采取奖励补助和贷款支持等多种办法，鼓励“农二代”子承父业，鼓励大中专毕业生、复退军人和返乡农民工从事规模化粮食生产。

（五）加强粮食生产服务

粮食规模化生产必须依靠社会化服务来支撑。尤其是东部沿海地区农村劳动力成本高、上涨快，规模化生产必须依靠社会化服务，而不是主要依靠雇工。社会化服务包括政府的公益性服务、社会的经营性服务和农民的合作服务，三种服务都亟待加强。政府公益性服务关键是明确岗位、职责和编制，切实保障经费到位，避免过去“找米下锅”、“公益性服务不公益”的状况。农民合作服务需加大力度扶持和引导，重点培育农机作业、农资供应、产品营销、储藏加工等方面的合作服务组织。一些公益性服务可以外包给合作服务组织和经营性服务组织承担，并在税收等方面给予优惠。农户尤其是新型粮食生产经营主体，对社会化服务的需求具有品种多、时效性强等特点，在基层特别是产粮乡镇一级建立综合性服务机构、提供“一站式”服务尤其必要。在综合性服务机构的服务功能建设方面，需要进一步强化传统的良种、植保、肥料、农机、检测等项目，针对规模化生产还应加强粮食市场供求和价格信息服务，帮助办理烘干晾晒储藏用地用房手续，帮助协调生产用柴油等；还应创新服务方式、改善服务态度、不断提高服务质量，为农户提供方便、及时、低成本的服务。浙江一些乡镇建立农业综合性服务社和服务中心的做法，深受农民欢迎，值得总结推广。

（六）完善农业信贷和保险服务

贷款难、风险大是新型粮食生产经营主体反映最强烈的问题。调查中了解到，贷款难并不是因为金融机构缺乏资金，而是农户单笔贷款额比较小、贷款操作成本比较高，加上农业生产有自然和市场两重风险，又缺乏抵押担保，所以银行不愿意贷款。建议政府设立专项基金，采取贴息和担保等方式，鼓励政策性银行和商业银行对新型粮食生产经营主体发放贷款。创新金融产品和服务，加大对新型粮食生产经营主体的信贷支持力度。从长远看，还是要发展合作金融，专门为农户提供金融服务。自然灾害风险是农户特别是规模化农户最担忧的问题。为缓解他们的后顾之忧，应进一步明确粮食生产保险的政策性定位，建立财政支持的粮食保险大灾风险分散机制。扩大保险补贴覆盖的粮食品种，提高赔付标准，简化理赔手续，对3类新型粮食生产经营主体实现全覆盖。粮食市场风险问题不大，但保护价还是太低。应根据物价上涨速度，及时调整粮食收购保护价，并相应扩大品质差价。

第二部分　专题调研报告

专题报告一　浙江省粮食生产经营主体问卷分析报告①

2012 年 11—12 月，浙江省现代农业研究会组织浙江大学中国农村发展研究院和浙江师范大学农村研究中心相关研究人员在浙江省 10 个地级市（除舟山外）分别选取了 10 个典型产粮县（市、区）进行了走访和问卷调查，共获得有效问卷 271 份，被调查粮食生产经营主体地区分布如图 1 所示。

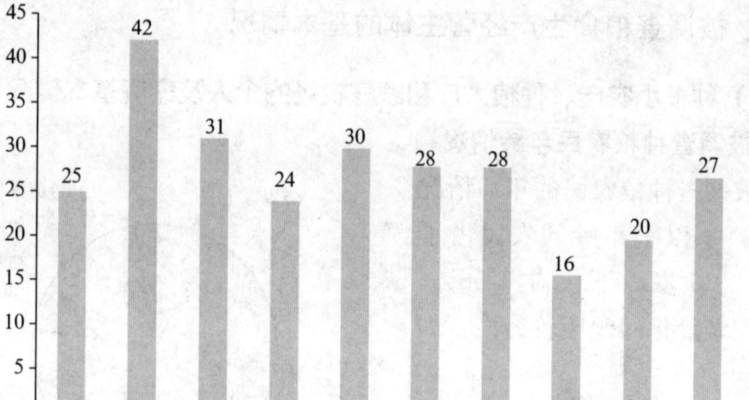

图 1　被调查粮食生产经营主体地区分布情况

从被调查粮食生产经营主体的情况看，种粮小农户有 96 户，种粮大户有 57 户，家庭农场有 82 户，粮食生产合作社有 30 户，公司制农场有 6 户，

① 本问卷分析报告由浙江大学中国农村发展研究院郭红东、周惠珺和王长川撰写。

被调查粮食生产经营主体具体规模分布情况见图 2。基于这些问卷调查数据，形成了本分析报告。

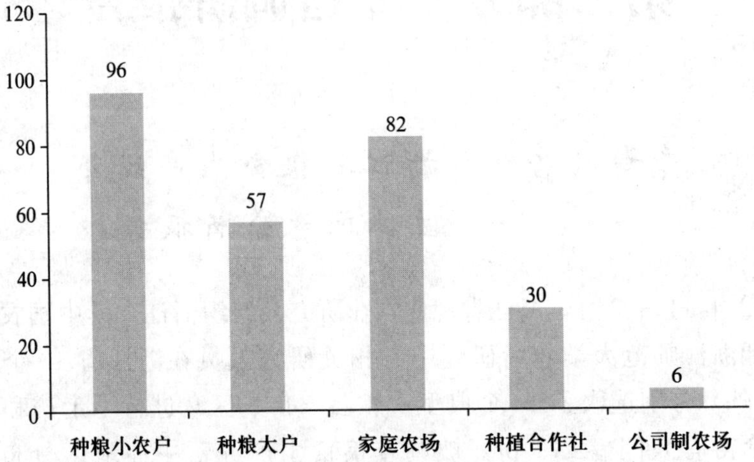

图 2　被调查粮食生产经营主体分布情况

一、被调查粮食生产经营主体的基本情况

(一) 种粮小农户、种粮大户和家庭农场的个人及家庭基本情况

1. 被调查种粮农民年龄情况

从被调查种粮农民的年龄情况来看，55 岁以上年龄的农民占了 41.88%，35 岁以下仅占 2.56%，种粮农民老龄化问题比较突出，如图 3 所示。

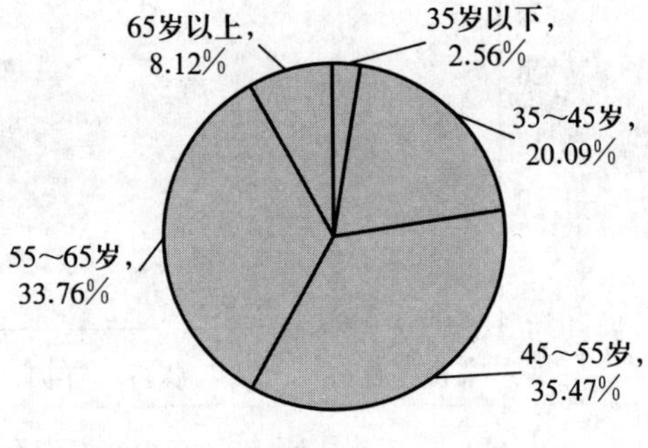

图 3　被调查种粮农民的年龄分布情况

从被调查种粮农民的年龄与水稻种植规模的关系来看，水稻种植规模越大，年轻农民所占比重越大，两者之间存在反向相关的关系，从表 1 中可以看出，种粮小农户年龄主要在 55～65 岁，而家庭农场的种植农户，65 岁以上的农民所占比例不到 2%，45 岁以下的农民占了 32.10%。这个结果表明，虽然种粮农民老龄化问题突出，但近年来也出现

了一批年富力强的种粮农民。

表 1　被调查不同种植规模农民年龄分布情况

单位：%

种粮主体＼年龄	35 岁以下	35～45 岁	45～55 岁	55～65 岁	65 岁以上	合计
种粮小农户	1.04	14.58	32.29	37.50	14.58	100
种粮大户	1.75	19.30	36.84	35.09	7.02	100
家庭农场	4.94	27.16	38.27	28.40	1.23	100

2. 被调查种粮农民文化程度

从被调查种粮农民文化程度来看，文化水平普遍比较低，小学及以下文化程度的农民占了被调查农民总数的 39.15%，高中及以上学历只占了 18.3%，如图 4 所示。

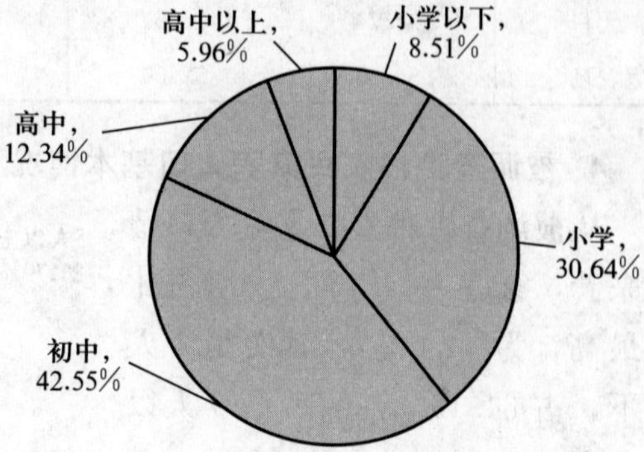

图 4　被调查种粮农民的文化程度情况

从被调查种粮农民的文化程度与水稻种植规模的关系来看，水稻种植规模越大，文化程度越高的农民所占比重越大，两者之间存在反向相关的关系，从表 2 中可以看出，家庭农场的种植农户中，高中及其以上文化程度的农民所占比例达到了 23.17%。调查结果表明，虽然目前种粮农民文化程度普遍比较低，但也出现了一批文化程度高的种粮大户。

表 2　被调查不同种植规模种粮农民的文化程度情况

单位：%

种粮主体＼文化程度	小学以下	小学	初中	高中	高中以上	合计
种粮小农户	8.33	27.08	46.88	12.50	5.21	100
种粮大户	8.77	40.35	38.60	7.02	5.26	100
家庭农场	8.54	28.05	40.24	15.85	7.32	100

3. 被调查种粮农民从业情况

从被调查种粮农民从业情况与水稻种植规模的关系来看，差异最为显著的是家庭农场的种植农户，其具有办厂经商经历的所占比例高达 27.50%。具体情况见表 3。

表 3　被调查不同种植规模种粮农民的从业情况

单位：%

种粮主体 \ 从业情况	一直从事农业劳动为主	有外出打工经历	有办厂经商经历	担任过村干部	中共党员
种粮小农户	90.53	36.84	13.68	51.58	49.47
种粮大户	94.74	17.54	5.26	29.82	22.81
家庭农场	86.25	32.50	27.50	31.25	35.00

4. 被调查种粮农民家庭人口基本情况

从被调查种粮农户家庭人口情况来看，家庭人口 3～5 人所占比例最高，为 44.02%，其次是 3 人以下，占 34.19%，然后是 5 人以上，占 21.79%，如图 5 所示。

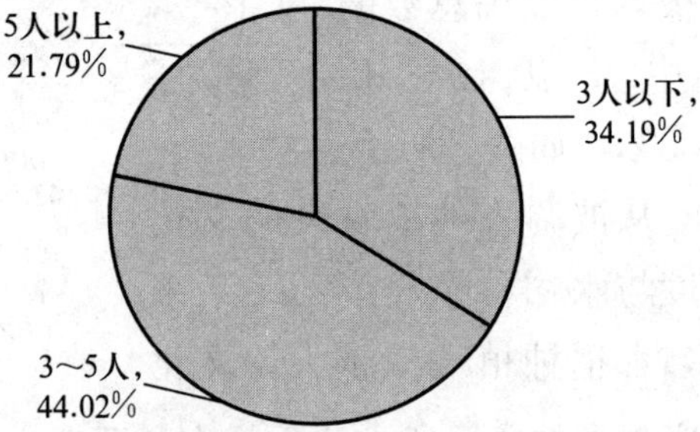

图 5　被调查种粮农民家庭人口情况

从被调查种粮农户家庭水稻种植劳动力情况来看，劳动力人口 2 人的比例最高，占 56.04%，其次是 1 人，占 30.30%，然后依次是 3 人，占 6.80%，4 人，占 5.60%，5 人，占 0.40%，6 人，占 0.40%。

5. 被调查种粮农民家庭收入情况

从被调查种粮农民 2012 年度家庭经济总收入情况来看，5 万～10 万元所占比例最高，为 25.11%，其次是 3 万～5 万元，占 21.21%，然后是 3 万以下以及 10 万～20 万元，均占 20.35%，20 万以上则为 12.99%。

从被调查种粮农民家庭经济总收入与水稻种植规模的关系来看，水稻种植面积越大，家庭总收入越高，两者之间存在正向相关的关系，从表 4 中可以看出，家庭农场种植户的家庭经济总收入相比较而言很大一部分集中在 20 万元以上，比例达到 35%。调查结果表明，种粮只有达到一定规模才能致富。

表 4 被调查不同种植规模种粮农民的家庭总收入情况

单位：%

种粮主体＼总收入	3 万以下	3 万～5 万	5 万～10 万	10 万～20 万	20 万以上	合计
种粮小农户	34.38	25.00	28.13	12.50	0.00	100
种粮大户	18.18	29.09	27.27	21.82	3.64	100
家庭农场	5.00	11.25	20.00	28.75	35.00	100

从被调查种粮农民来自水稻的收入占家庭经济总收入比例情况来看，两者之间关系呈现“U”形特征：既有 32.88%的被调查种粮农民，其来自水稻的收入占经济总收入的比例还不到 25%，又有 34.70%的被调查种粮农民，其来自水稻的收入占总收入的比重超过 75%。如图 6 所示。

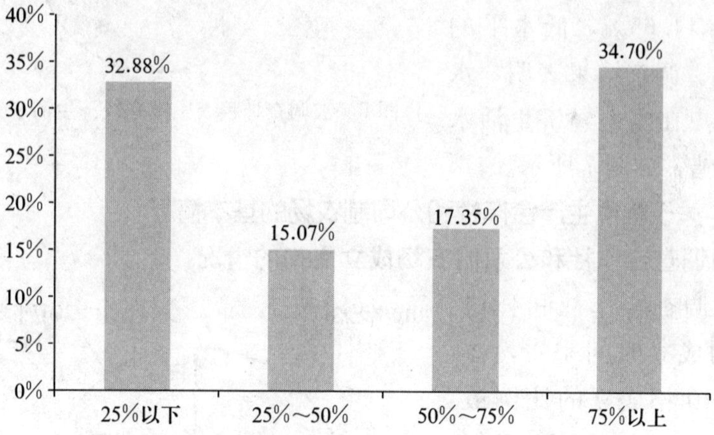

图 6 被调查种粮农民来自水稻的收入占家庭经济总收入比例情况

从被调查种粮农民水稻的收入占家庭经济总收入比例情况与水稻种植规模关系来看，种粮小农户中，有 62.92%的农户其来自水稻的收入占家庭经济总收入的比重小于 25%；而家庭农场种植户，则有 55.13%的农户其来自水稻的收入所占比例超过 75%。具体情况见表 5。由此可见，水稻种植面积越小，来自水稻的收入占家庭经济总收入比重越小，水稻种植面积越大，则来自水稻的收入所占比重越大，专业化水平越高。

表 5　被调查不同规模种粮农民家庭的水稻收入所占比重情况

单位：%

种粮主体＼水稻收入比重	25%以下	25%～50%	50%～75%	75%以上	合计
种粮小农户	62.92	13.48	8.99	14.61	100
种粮大户	17.31	19.23	25.00	38.46	100
家庭农场	8.97	14.10	21.79	55.13	100

从被调查种粮农民家庭经济生活水平来看，有57.33%的被调查者认为自己在当地属于中等水平，20.26%的被调查者认为自己属于中等偏上水平，3.88%认为属于上等水平，中等及以上的比例高达81.47%，中等偏下的比例为14.65%，低水平的为3.88%。调查结果表明，水稻种植农户在当地经济生活水平普遍不错，如图7所示。

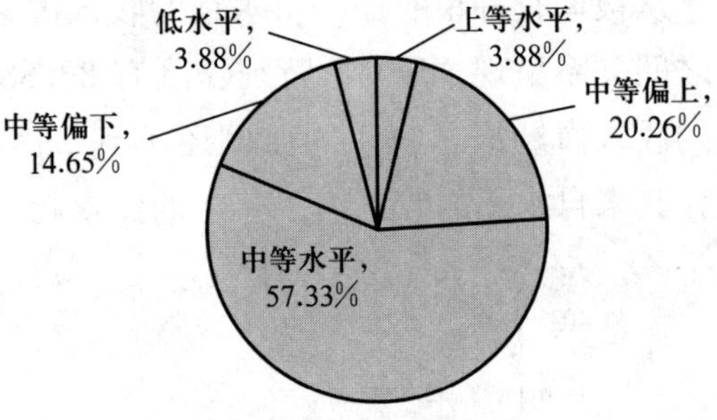

图7　被调查种粮农民家庭经济生活水平情况

(二) 关于粮食生产合作社和公司制农场的基本情况

1. 被调查合作社和公司制农场成立之初的情况

从被调查合作社和公司制农场的成立时间来看，在2007—2010年成立的比例最高，为61.12%，而2007年之前和2010年之后成立的比例均为19.44%。如图8所示。从被调查情况看，97.14%的合作社或者公司制农场都进行了工商登记。

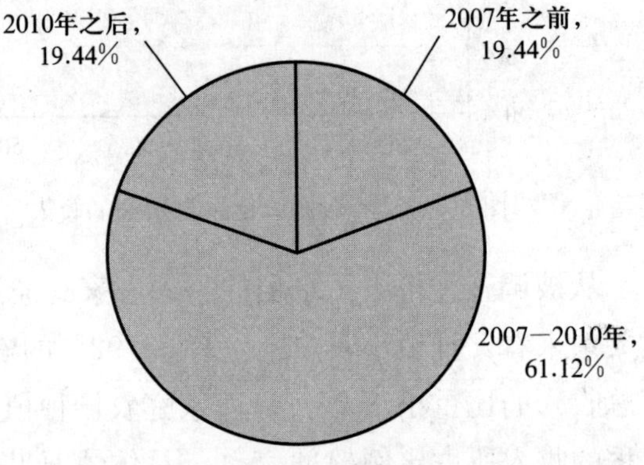

图8　被调查合作社和公司制农场的成立时间情况

从被调查合作社和公司制农场的注册资金来看，合作社的注册资金差异性要大于公司制农场，本次调查的粮食生产合作社的注册资金均值为 211.30 万元，公司制农场的注册资金平均水平为 88 万元。具体情况见表 6。

2. 被调查合作社和公司制农场社员和股东的情况

从被调查合作社和公司制农场的社员和股东情况来看，粮食生产合作社的社员中 100%都是农民，公司制农场中农民所占比例也都在 50%以上。

表 6　被调查合作社和公司制农场的注册资金情况

单位：万元

种粮主体＼注册资金	均值	极小值	极大值	标准差
粮食生产合作社	211.30	100.00	600.00	169.25
公司制农场	88.00	2.00	150.00	61.99

从被调查合作社和公司制农场的社员和股东的来源地看，公司制农场的股东基本在本村（50%）或者本乡的其他村（50%），而粮食生产合作社的社员还存在一部分跨乡的（13.33%），具体情况见表 7。

表 7　被调查合作社和公司制农场的社员来源地情况

单位：%

种粮主体＼来源地	一个村	跨村	跨乡	跨县	合计
粮食生产合作社	30.00	56.67	13.33	0.00	100
公司制农场	50.00	50.00	0.00	0.00	100

从被调查合作社和公司制农场的社员和股东的经营规模差异程度来看，粮食生产合作社的经营规模差异程度要大于公司制农场，其中有 8.33%的粮食生产合作社的经营规模差异程度很大。具体情况见表 8。

表 8　被调查合作社和公司制农场经营规模差异情况

单位：%

种粮主体＼差异程度	大	比较大	很大	合计
粮食生产合作社	37.50	54.17	8.33	100
公司制农场	50.00	50.00	0.00	100

3. 被调查合作社和公司制农场建立时所依托组织的情况

从被调查合作社和公司制农场建立时所依托的组织来看，依托生产大户的比例是最高的，粮食生产合作社达到 82.76%，公司制农场为 60.00%，其次粮食生产合作社还有 10.34%的是依托农技部门建立起来的，公司制农场则有 40.00%的是依托龙头企业而建立的。尤其可见粮食生产大户在农业的组织化生产过程中起着尤其重要的作用。具体情况见表 9。

表 9　被调查合作社和公司制农场建立时所依托组织的情况

单位：%

依托组织 / 种粮主体	生产大户	返销大户	龙头企业	农技部门	合计
粮食生产合作社	82.76	3.45	3.45	10.34	100
公司制农场	60.00	0.00	40.00	0.00	100

4. 被调查合作社和公司制农场负责人的情况

从被调查合作社和公司制农场负责人的文化程度来看，公司制农场负责人的文化水平相对高一些，公司制农场无小学以下文化水平，而粮食生产合作社负责人小学以下文化程度的也只占了 10.34%，粮食生产合作社和公司制农场中高中及以上学历所占比例分别为 13.79%和 33.33%，具体情况见表 10。也就是说合作社和公司制农场负责人由于管理整个组织的需要，一般具有较高的文化水平。

从被调查合作社和公司制农场负责人以前的身份来看，各不相同，对于粮食生产合作社而言，生产大户这一身份所占比例最高，达到 64.29%；对于公司制农场来说，企业负责人这一身份所占比例较高，为 50%。也就是种粮农户之前所担任的工作会影响其对于建立合作社和公司制农场的选择。具体情况见表 11。

表 10　被调查合作社和公司制农场负责人的文化程度

单位：%

文化程度 / 种粮主体	小学以下	小学	初中	高中	高中以上	合计
粮食生产合作社	10.34	6.90	48.28	20.69	13.79	100
公司制农场	0.00	16.67	16.67	33.33	33.33	100

表 11　被调查合作社和公司制农场负责人以前的身份情况

单位：%

以前身份 / 种粮主体	生产大户	企业负责人	农技人员	村干部	其他人员	合计
粮食生产合作社	64.29	14.29	7.14	7.14	7.14	100
公司制农场	33.33	50.00	0.00	0.00	16.67	100

二、被调查粮食生产经营主体生产经营情况

（一）种植水稻的历史与原因

从种植水稻的历史来看，不同类型的生产经营主体差异比较大，水稻种植规模越小的农户中，水稻种植历史越长久。种粮小农户中种植历史在 20 年以上的所占比例达到 73.12%，而粮食生产合作社和公司制农场的负责人种水稻的历史在 5 年以下的比例分别为 51.72%和 33.33%。这也体现了那些新进入种水稻领域的主体一般更倾向于采用新的组织形式。具体情况见表 12。

表 12　被调查不同类型种粮主体种植水稻的历史情况

单位：%

种植历史 / 种粮主体	5 年以下	5～10 年	10～15 年	15～20 年	20 年以上	合计
种粮小农户	3.23	8.60	4.30	10.75	73.12	100
种粮大户	5.45	10.91	12.73	14.55	56.36	100
家庭农场	17.28	16.05	12.35	20.99	33.33	100
粮食生产合作社	51.72	13.79	3.45	6.90	24.14	100
公司制农场	33.33	16.67	33.33	16.67	0.00	100

从被调查粮食生产经营主体选择种植水稻的原因来看（多选），最主要的三个原因是收益比较稳定、传统种水稻和有政府补贴，被选中的比例分别为 49.81%、47.55%和 44.15%。如图 9 所示。

从被调查粮食生产经营主体选择种植水稻的原因与主体类型的关系来看，种粮小农户选择种水稻最主要的两个原因是传统种粮和有政府补贴，

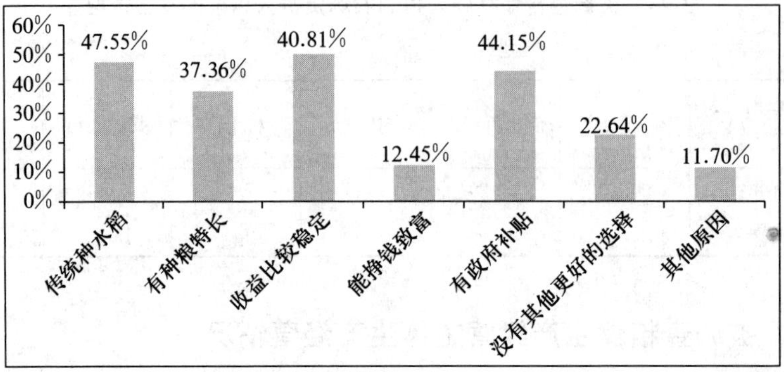

图9　被调查粮食生产经营主体选择种植水稻的原因

家庭农场选择种水稻最主要的两个原因是有政府补贴和收益比较稳定，粮食生产合作社最主要的两个原因是有政府补贴和有种粮特长，具体情况见表13。由此可见，政府种粮补贴对于调动农民种粮积极性具有很大的促进作用。

表13　被调查不同类型种粮主体选择种植水稻的原因

单位：%

种水稻原因 种粮主体	传统种水稻	有种粮特长	收益比较稳定	能挣钱致富	有政府补贴	没有其他更好的选择	其他原因
种粮小农户	68.48	26.09	39.13	1.09	28.26	26.09	18.48
种粮大户	43.86	36.84	54.39	15.79	36.84	33.33	8.77
家庭农场	36.59	41.46	58.54	21.95	59.76	15.85	6.10
粮食生产合作社	21.43	64.29	42.86	10.71	67.86	14.29	14.29
公司制农场	33.33	33.33	83.33	33.33	33.33	0.00	0.00

（二）被调查粮食生产经营主体种植面积和种植变化情况

从被调查粮食生产经营主体种植面积近5年的变化情况与主体类型的关系来看，种粮小农户的种植面积在减小，而其他大户的种植面积在逐步增加，尤其是家庭农场、粮食生产合作社和公司制农场的水稻种植面积上升的态势明显，例如，家庭农场从2008年的平均192.21亩上升到2012年的平均355.91亩，粮食生产合作社则从2008年的平均356.76亩上升到2012年的平均 743.03 亩。具体情况见表 14。

表 14　被调查不同类型种粮主体近 5 年水稻种植面积均值变化情况

单位：亩

种粮主体＼年份	2008	2009	2010	2011	2012
种粮小农户	6.64	6.63	6.89	6.49	6.76
种粮大户	40.29	41.87	43.53	43.82	44.53
家庭农场	192.21	232.97	279.97	310.69	355.91
粮食生产合作社	356.76	504.55	532.38	647.31	743.03
公司制农场	1 466.67	1 262.50	1 046.67	1 250.00	1 343.67

从被调查粮食生产经营主体水稻种植类型来看，具有比较明显的区域差异，浙北地区种植单季稻所占比例高达 70.3%，而浙南地区种植双季稻的比例比较大，占了 60.13%。具体情况见表 15。

表 15　被调查不同地区种粮主体的水稻种植类型情况

单位：%

地区＼水稻类型		单季稻	双季稻	合计
浙北	嘉善	100	0	100
	南浔	100	0	100
	萧山	84.60	15.40	100
	鄞州	16.70	83.30	100
	诸暨	45.80	54.20	100
	合计	70.30	29.70	100
浙南	江山	37.84	62.16	100
	缙云	86.67	13.33	100
	平阳	6.90	93.10	100
	温岭	60.71	39.29	100
	婺城	6.90	93.10	100
	合计	39.87	60.13	100

（三）被调查粮食生产经营主体种植的土地情况

从被调查粮食生产经营主体种植水稻的土地集中连片情况来看，只有 37.36％的被调查粮食生产经营主体的土地是集中连片的，剩余 62.64％的被调查粮食生产经营主体的水稻种植土地都没有集中连片，具有不同程度的分散性。如图 10 所示。调查结果表明，浙江省水稻种植主体土地集中连片程度不高。

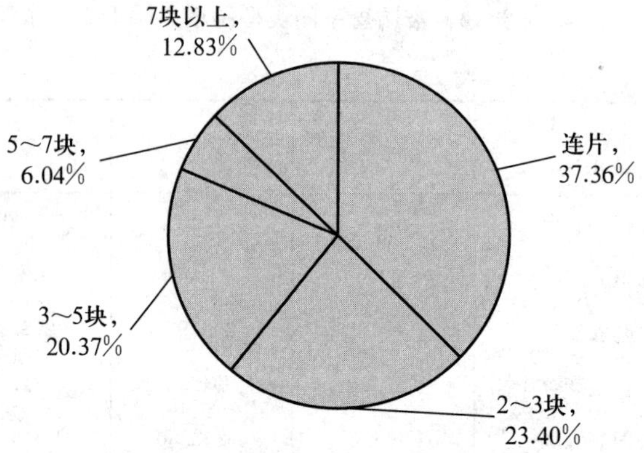

图 10　被调查粮食生产经营主体种植水稻的土地集中连片情况

从被调查粮食生产经营主体是否进行土地流转的情况来看，被调查粮食生产经营主体总数的 80.37％进行了土地流转，没有进行土地流转的农户只占 19.63％。如图 11 所示。调查结果表明，目前种粮主体进行土地流转是比较普遍的现象。

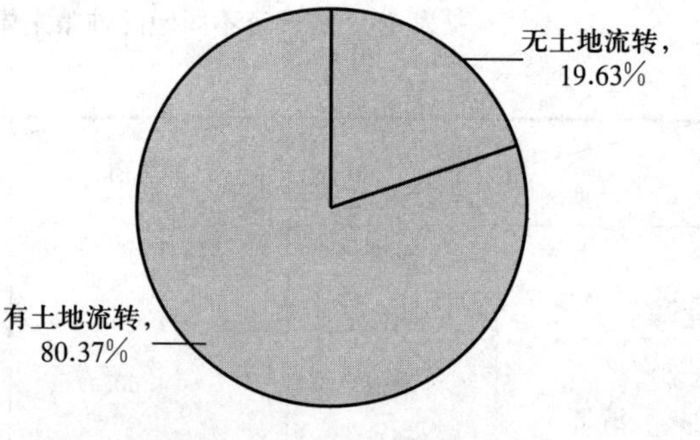

图 11　被调查粮食生产经营主体是否有进行土地流转的情况

从被调查粮食生产经营主体种植水稻的耕地来源与主体类型的关系来看，水稻种植规模越大的主体，自己家承包地的面积所占比重就越小，通过流转获得的种植面积所占比例就越大，并且土地主要是从本村其他农户处租入，具体情况见表 16。调查结果表明，浙江省目前土地呈现日趋向专业大户集中的态势。

从被调查粮食生产经营主体土地流转的形式来看，通过自己与农户商谈获得土地的比例为 61.57％，通过村委会的比例为 32.87％，通过熟人介绍和其他途径的比例都为 3.70％，而通过政府获得土地流转的比例为 0.93％，如图 12 所示。调查结果表明，浙江省土地流转很大程度上是以直接与种粮农户谈为主，通过村委会和政府部门流转的土地还不多。

表 16　被调查不同类型种粮主体不同耕地来源方式下获得耕地面积的均值

单位：亩

耕地来源 种粮主体	自己家承包地的面积	亲戚朋友处转包的面积	本村其他农户处租入的面积	外村农户处租入的面积	其他渠道租入的面积
种粮小农户	3.31	0.80	2.40	0.05	0.00
种粮大户	4.08	3.67	35.72	1.95	0.58
家庭农场	6.92	6.85	194.86	112.34	48.73
粮食生产合作社	66.11	30.50	432.08	322.89	0.00
公司制农场	175.48	113.00	220.00	490.00	566.67

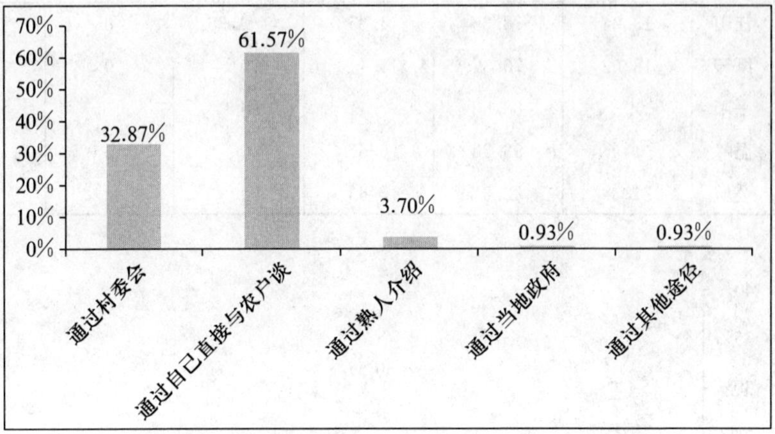

图 12　被调查粮食生产经营主体土地流转形式情况

从不同地区被调查粮食生产经营主体土地流转的形式来，具有比较明显的地域特点，例如，南浔和嘉善通过村委会进行土地流转的比例很高，所占比例依次为 93.33％和 68.75％，从调查中得知，南浔和嘉善政府制定了村集体流转土地的奖励政策，推动了村委会参与土地流转的积极性。其他地区的土地流转主要是通过自己直接与农户谈来实现的。具体情况见表 17。

从被调查粮食生产经营主体的土地租用时间情况来看，土地租用时间在一年以及其以下所占比例为34.72%，而土地租用时间能够达到5年以上的只占17.10%，如图13所示。调查结果表明，浙江省水稻种植土地的承包期普遍较短，种植水稻的土地稳定性差，影响了种植规模大的种粮主体的发展。

表17　被调查不同地区种粮主体的土地流转形式

单位：%

地区	形式	是否通过村委会	通过自己直接与农户谈	通过熟人介绍	通过当地政府	通过其他途径	合计
浙北	嘉善	68.75	31.25	0	0	0	100
	南浔	93.33	6.67	0	0	0	100
	萧山	50	50	0	0	0	100
	鄞州	0	100	0	0	0	100
	诸暨	13.64	72.73	9.09	4.55	0	100
浙南	江山	13.04	78.26	4.35	4.35	0	100
	缙云	18.52	70.37	11.11	0	0	100
	平阳	0	88.89	7.41	0	3.7	100
	温岭	0	93.33	6.67	0	0	100
	婺城	21.88	62.5	15.63	0	0	100

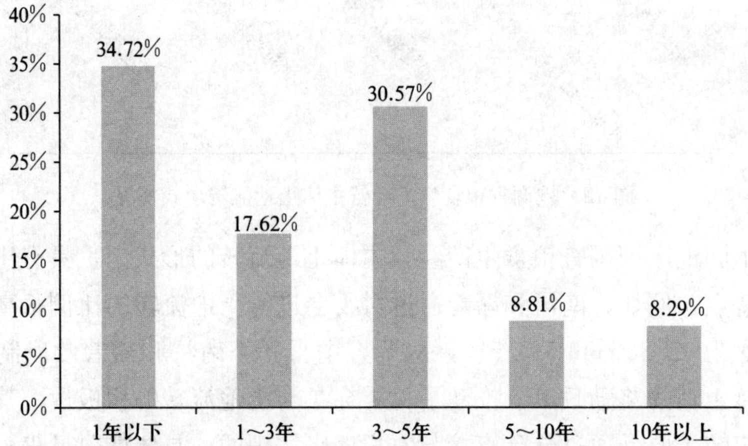

图13　被调查粮食生产经营主体土地租用期限情况

当问到那些有土地流转的种粮主体"租用土地有否签书面协议"问题时，59.17%被调查粮食生产经营主体回答"有"，40.83%的被调查粮食生产经营主体回答"没有"，如图14所示。调查结果表明，虽然浙江省土地流转过程中签订书面协议的比例比较高，但仍然有一大部分种粮主体是采用口头协议的，因此，土地流转有待进一步规范。

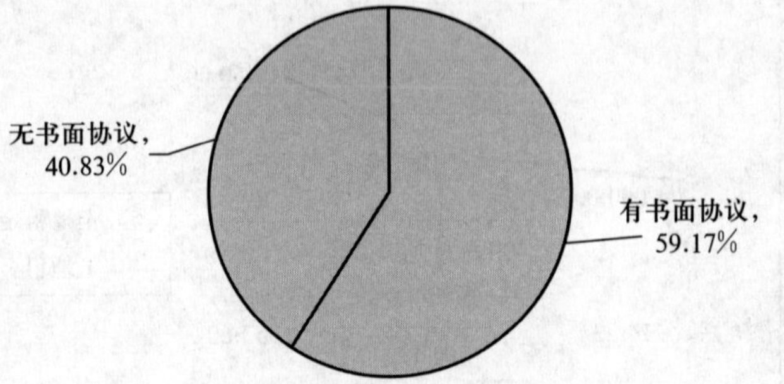

图14　被调查粮食生产经营主体土地流转书面协议签订情况

从被调查粮食生产经营主体土地流转书面协议的签订与主体类型的关系来看，种植规模越大的种粮主体在土地流转时签订书面协议的比重越大，例如家庭农场、粮食生产合作社和公司制农场的种粮主体土地流转时有书面协议的比例都在80%以上，这一方面说明大规模种粮主体管理更趋于规范，另一方面也表明土地稳定对于他们的重要性。具体情况见表18。

表18　被调查不同类型种粮主体流转土地时书面协议的签订情况

单位：%

有否书面协议 种粮主体	有书面协议	无书面协议	合计
种粮小农户	22.73	77.27	100
种粮大户	33.93	66.07	100
家庭农场	84.15	15.85	100
粮食生产合作社	86.67	13.33	100
公司制农场	83.33	16.67	100

从被调查粮食生产经营主体土地租金情况来看，近三年的土地租金一直不断地上涨，每亩土地租金的平均值由 2010 年的 274.23 元上涨到 2012 年的 353.60 元，而所调查种粮主体每亩土地租金的极大值更是由 2010 年的 1 000元涨到 2012 年的 1 450 元。如图 15 所示。调查结果表明，近年来土地租金的不断上涨是种粮主体种粮成本增加的一个重要因素。

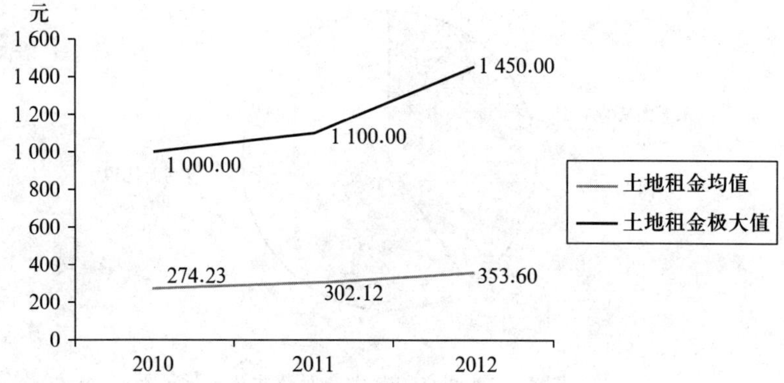

图 15　土地租金均值和极大值近三年的变化情况

（四）被调查粮食生产经营主体技术和资金来源情况

从被调查粮食生产经营主体种植技术的获得情况（多选）与主体类型的关系来看，种植规模越大的种粮主体越倾向于通过相关培训来获得比较现代化的技术，例如被调查家庭农场、粮食生产合作社和公司制农场的种粮农户中都有 80%以上会通过选择相关培训来获得种植技术。具体情况见表 19。

表 19　被调查不同类型种粮主体技术获得情况（多选）

单位：%

技术获得 / 种粮主体	自己摸索	父辈传授或向别的农户学习	相关培训	其他
种粮小农户	56.38	38.30	50.00	5.32
种粮大户	57.89	31.58	73.68	3.51
家庭农场	62.20	28.05	82.93	2.44
粮食生产合作社	50.00	16.67	86.67	3.33
公司制农场	33.33	66.67	83.33	16.67

从被调查粮食生产经营主体水稻种植所需资金来源情况与主体类型的关系来看，不同类型种粮主体资金来源渠道差异性很大：种植规模越小的主体自有资金的所占比重越大，例如，种粮小农户的资金来源100%来自自有资金；种植规模的越大的种粮主体自有资金所占比重小且资金来源越倾向于多元化，例如，公司制农场中种粮主体的资金来源情况为：自有资金66.67%，亲戚朋友等民间借贷的占50.00%，信用社借贷的占33.33%，银行借贷的占33.33%，订单农业预支资金的占16.67%，其他渠道的占16.67%。具体情况见表20。调查结果表明，种粮小农户自有资金基本可以满足其种水稻的需要，但是水稻种植规模较大的这些主体，随着规模不断扩大，自有资金所占比重越来越小，除了自有资金外还主要依靠信用社借贷和亲朋借贷来获得所需资金，其中银行借贷在农户资金来源中所占比重很低，显示了种粮主体贷款难的问题。

表20 被调查不同类型种粮主体的资金来源情况（多选）

单位：%

资金来源 种粮主体	自有资金	亲戚朋友等民间借贷	信用社借贷	银行借贷	订单农业预支资金	其他
种粮小农户	100.00	3.16	0.00	0.00	0.00	0.00
种粮大户	92.86	10.71	17.86	1.79	1.79	1.79
家庭农场	73.17	23.17	34.15	15.85	4.88	0.00
粮食生产合作社	73.33	26.67	30.00	23.33	13.33	3.33
公司制农场	66.67	50.00	33.33	33.33	16.67	16.67

（五）被调查粮食生产经营主体拥有机械、用工和用工成本情况

从被调查粮食生产经营主体大型机械拥有情况与主体类型的关系来看，种植规模越大的主体大型机械的户均用量越大，具体情况见表21。

从被调查粮食生产经营主体用工情况来看，主要还是以季节性雇工为主，雇佣了季节性雇工的种粮主体所占比例达到63.33%，雇佣常年雇工的占20.74%，没有雇工的占42.96%。从被调查粮食生产经营主体用工情况与主体类型的关系来看，种植规模越大的主体使用季节性雇工和常年雇工的比例越大。具体情况见表22。

表 21　被调查不同类型种粮主体大型机械户均拥有情况

单位：台

种粮主体＼大型机械	拖拉机	耕整机	插秧机	收割机	烘干机
种粮小农户	0.11	0.01	0.00	0.06	0.00
种粮大户	0.72	0.19	0.26	0.19	0.07
家庭农场	1.48	0.74	1.68	0.66	0.79
粮食生产合作社	2.77	1.32	2.59	1.46	2.30
公司制农场	5.40	2.80	8.50	2.50	3.75

表 22　被调查不同类型种粮主体的用工情况

单位：%

种粮主体＼用工情况	没有雇工	季节性雇工	常年雇工
种粮小农户	91.58	1.05	20
种粮大户	47.37	1.75	70.18
家庭农场	2.44	35.37	95.12
粮食生产合作社	0	66.67	93.33
公司制农场	0	83.33	100
总体情况	42.96	63.33	20.74

从被调查粮食生产经营主体用工工资情况来看，由于不同地区的经济发展水平和实际情况不一样，雇工工资（包括季节性工资水平和常年雇工工资水平）在不同地区有显著差异。具体情况见表 18。例如季节性工资，最低的南浔和江山是每天 100 元，在平阳却每天高达 250 元，常年雇工每月最低工资是南浔 2 100 元，诸暨则高达 3 600 元。调查结果表明，目前种粮的人工费不断上涨，规模种粮主体的成本也不断提高。具体情况见表 23。

（六）被调查粮食生产经营主体种粮面积和品种决策影响因素

当问到“您根据什么来决定当年水稻种植的面积和品种”问题时，影响单个种粮农户和公司制农场做出决定的最主要因素都是自己的经验，对于种粮小农户和种粮大户来说，受同行交流影响的农户比例次之，分别占 17.65%

表 23　被调查不同地区水稻生产用工工资情况

地区		季节性雇工工资（元/天）	常年雇工工资（元/月）
浙北	嘉善	140	2 500
	南浔	100	2 100
	萧山	180	3 500
	鄞州	200	3 000
	诸暨	175	3 600
浙南	江山	100	2 400
	缙云	150	/
	平阳	250	/
	温岭	180	3 300
	婺城	200	3 500

注：为了便于比较，也为了简化数据处理，此表中数据取为样本的极大值。

和 31.48%，对于家庭农场和公司制农场来说，受政府或企业订单影响的农户比例次之，分别占 29.87%和 33.33%；影响粮食生产合作社最主要的因素是政府或企业订单，占 55.56%，具体情况见表 24。调查结果说明，对于大规模种粮主体来说，政府或企业订单是影响其种粮决策的重要因素。

表 24　被调查不同类型种粮主体当年水稻种植面积和品种决定的依据

单位：%

种粮主体＼决策依据	自己经验	同行交流	政府或企业订单	上一年价格	没有其他更好选择	其他	合计
种粮小农户	49.41	17.65	12.94	2.35	2.35	15.29	100.00
种粮大户	37.04	31.48	14.81	1.85	1.85	12.96	100.00
家庭农场	36.36	14.29	29.87	3.90	0.00	15.58	100.00
粮食生产合作社	33.33	7.41	55.56	0.00	0.00	3.70	100.00
公司制农场	66.67	0.00	33.33	0.00	0.00	0.00	100.00

（七）被调查粮食生产经营主体生产粮食销售的主要途径

从被调查粮食生产经营主体稻谷销售的途径来看，由于早稻和晚稻国家支持政策的不一样，早晚稻的各销售渠道所占的比例有显著差异，其中早稻中的 84.52%是通过政府合同收购销售出去的，而晚稻中只有 20.42%是通过政府合同收购销售，晚稻最主要的销售渠道是商贩上门收购和自己市场收购，所占比例分别为32.08%和28.33%。具体情况见表25。

表25　被调查不同规模类型种粮主体早晚稻的销售途径

单位：%

种粮主体＼销售渠道		公司或企业订单	政府合同收购	合作社统一收购	商贩上门收购	自己市场销售	合计
种粮小农户	早稻	13.16	73.68	2.63	5.26	5.26	100
	晚稻	2.60	9.09	5.19	37.66	45.45	100
种粮大户	早稻	3.03	87.88	3.03	6.06	0.00	100
	晚稻	8.93	19.64	8.93	37.50	25.00	100
家庭农场	早稻	7.27	89.09	1.82	1.82	0.00	100
	晚稻	20.27	29.73	8.11	29.73	12.16	100
粮食生产合作社	早稻	4.17	91.67	0.00	4.17	0.00	100
	晚稻	18.52	29.63	7.41	14.81	29.63	100
公司制农场	早稻	40.00	60.00	0.00	0.00	0.00	100
	晚稻	33.33	16.67	0.00	16.67	33.33	100
总体情况	早稻	8.39	84.52	1.94	3.87	1.29	100
	晚稻	12.08	20.42	7.08	32.08	28.33	100

（八）被调查粮食生产经营主体种粮成本情况

从被调查粮食生产经营主体近3年每亩总成本情况来看，不管种植规模的大小，生产费用总和都是呈现明显的上升趋势，家庭农场的生产成本表现不太稳定，具体情况见表26。

表26　被调查不同类型种粮主体2010—2012年每亩总成本变化情况

单位：元

种粮主体＼成本	每亩生产总成本		
	2010	2011	2012
种粮小农户	792.85	847.69	925.61
种粮大户	908.71	952.73	1 012.41
家庭农场	2 416.75	1 194.42	2 480.47
粮食生产合作社	1 314.94	1 334.77	1 459.62
公司制农场	1 206.39	1 217.24	1 373.16

从被调查粮食生产经营主体近3年每亩成本变化情况与主体类型的关系来看，每亩物资费用随主体的种植规模增大而呈波动下降趋势，物资费用也是随着种植规模扩大而逐年增加，土地租金则是明显的随主体种植规模的增大而急速增加，例如种粮小农户的土地租金均值为118.7元，而家庭农场的土地租金均值高达568.08元。具体情况见表27。

表27　被调查不同类型种粮主体2010—2012年每亩成本构成的变化情况

单位：元

成本构成 种粮主体	物资费用			土地租金			其他费用		
	2010	2011	2012	2010	2011	2012	2010	2011	2012
种粮小农户	563.23	594.52	623.59	100.39	102.63	118.7	188.73	205.6	235.58
种粮大户	490.89	516.96	552.95	272.48	296.73	334.55	158.65	160.61	194.61
家庭农场	516.09	541.39	562.23	445.06	487.66	568.08	255.93	264.87	319.86
粮食生产合作社	655.09	618.97	641.63	377.39	434.47	495.35	410.45	448.55	468.06
公司制农场	650.18	607.25	728.72	344.89	371.47	379.26	151.85	147.92	224.95

注：为了便于比较，也为了简化数据处理，此表中数据取样本均值。

（九）被调查粮食生产经营主体种粮效益情况

从被调查粮食生产经营主体2012年每亩成本收益情况与主体类型的关系来看，种粮小农户的亩净收益要高于其他类型的水稻种植主体，例如种粮小农户的亩净收益最高可达778.19元，而公司制农场种植户的亩净收益只有408.32元，这主要是因为他们土地租金之间的差异所造成的，但同时调查也发现目前国家对于种植规模大的主体将给予更多的补助。具体情况见表28。

表28　被调查不同类型种粮主体2012年每亩效益情况

效益 种粮主体	产量（千克）	净收益（元）	政府补贴（元）
种粮小农户	605.68	778.19	90.39
种粮大户	541.29	580.66	94.02
家庭农场	517.23	419.36	194.57
粮食生产合作社	503.33	297.61	159.9
公司制农场	721.38	408.32	218.27

注：为了便于比较，也为了简化数据处理，此表中数据取样本均值。

从被调查不同地区种粮主体2012年每亩成本收益情况来看，由于每个地方的产量和成本不一样，也就使得他们之间的亩净收益有一定程度上的差异，其中像缙云和平阳地区的亩净收益比较低，萧山、诸暨和婺城等地区的亩净收益水平则要高许多，有的地方甚至高出一倍有余。具体情况见表29。

表29 被调查不同地区种粮主体2012年每亩成本收益情况

地区 \ 成本—收益		亩产量（千克）	亩成本（元）	净收益（元）
浙北	嘉善	529.18	786.42	635.36
	南浔	573.99	831.79	700.08
	萧山	646.21	879.65	868.23
	鄞州	607.83	968.74	642.67
	诸暨	510.99	725.35	811.37
	合计	573.64	838.39	731.54
浙南	江山	488.72	923.3	557.09
	缙云	486.01	980.84	364.56
	平阳	493.58	1273.32	434.37
	温岭	494.14	750.04	662.11
	婺城	696.06	959.55	914.49
	合计	531.7	977.41	586.52
平均水平		560.21	870.55	680.95

注：为了便于比较，也为了简化数据处理，此表中数据取样本均值，且净收益是不包括政府补贴的。

从被调查粮食生产经营主体2012年亩净收益情况与其对种粮的期望收益的对比关系来看，经济发展水平越高的地方，2012年实际的种粮收益与其期望的收益之间的差距就越大，例如萧山地区这两者之间的差距高达508.69元，而像南浔和温岭等地的差距只有140.83元和27.18元，另外值得注意的是诸暨、婺城地区的数据显示种粮主体比较满足于当下的种粮收益，这与我们的调查实际情况相符。具体情况见表30。

从被调查不同类型种粮主体的期望收益与2012年实际收益对比情况来看，种粮期望收益与2012年实际收益差距比较大的两类水稻种粮主体是种粮小农户和粮食生产合作社，而这两者之间差距最小的是种粮大户这类主体。如图 16 所示。

表 30 不同地区种粮主体 2012 年亩净收益与其期望收益对比

单位：元

地区	收益	期望收益	实际收益	差距
浙北	嘉善	980.95	635.36	345.59
	南浔	840.91	700.08	140.83
	萧山	1376.92	868.23	508.69
	鄞州	873.33	642.67	230.66
	诸暨	789.13	811.37	−22.24
浙南	江山	875.71	557.09	318.62
	缙云	789.13	364.56	424.57
	平阳	951.93	434.37	517.56
	温岭	689.29	662.11	27.18
	婺城	876.00	914.49	−38.49
平均水平		1012.39	680.95	680.95

注：为了便于比较，也为了简化数据处理，此表中数据取样本均值，且净收益是不包括政府补贴的。

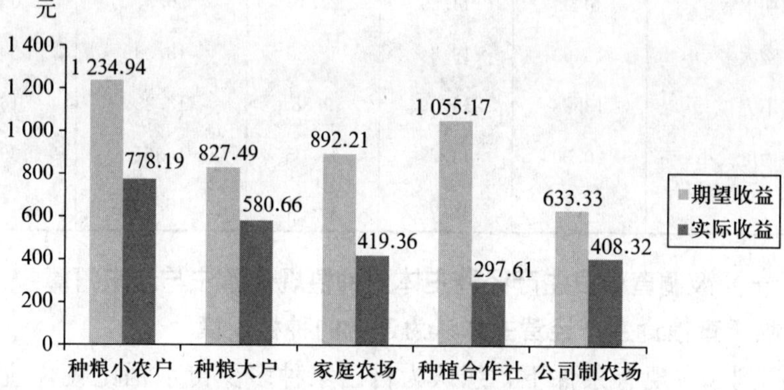

图 16 2012 年粮食生产经营主体的期望收益与实际收益的对比情况

（十）被调查粮食生产经营主体目前遇到的主要问题

从被调查粮食生产经营主体水稻生产过程中遇到的主要问题来看，粮食价格太低、农资价格过高、人工费太贵、土地太分散、土地承包期太短和政府支持力度太小等是种粮主体水稻生产经营中面临的主要问题，被调查粮食生产经营主体选择上述问题较大的比例依次是 65.34%、64.93%、62.31%、57.09%、21.27%、19.03%和 17.54%。

从被调查粮食生产经营主体水稻生产过程中遇到的主要问题与主体类型的关系来看，不同类型的种粮主体面对的主要问题是不完全一样的，对于小规模农户来说最主要的问题是农资价格过高和粮食价格太低，而对于家庭农场、粮食生产合作社和公司制农场这些主体来说，最突出的问题则是人工费太贵，再者是粮食价格太低以及土地承包期太短。土地承包期太短是大户不同于小规模农户面临的一个主要问题。具体情况见表 31。

表 31　被调查不同类型种粮主体水稻生产过程中遇到的主要问题

单位：%

主要困难＼主体类型	种粮小农户	种粮大户	家庭农场	粮食生产合作社	公司制农场
农资价格过高	81.05	62.50	48.15	46.67	33.33
粮食价格太低	74.74	62.50	60.49	53.33	50.00
人工费太贵	42.11	57.14	72.84	60.00	66.67
土地太分散	14.74	28.57	22.22	20.00	50.00
土地承包期太短	6.32	14.29	27.16	36.67	66.67
自然灾害险太多	12.63	19.64	17.28	13.33	50.00
水利设施不完善	13.68	14.29	9.88	13.33	16.67
政府支持力度太小	20.00	14.29	16.05	16.67	33.33
其他	10.53	16.07	14.81	16.67	16.67

（十一）被调查粮食生产经营主体对种植规模看法与未来打算

1. 被调查粮食生产经营主体认为适合的种植规模

当问到“在现有条件下，您认为自己家种多少亩水稻比较合适”问题时，回答 20 亩以下的比例最高，为 35.34%，其次 200 亩以上，比例为 32.93%，然后是 20～100 亩、100～200 亩，比例分别为 22.09%、9.64%。从现有水稻种植面积与理想水稻种植面积的关系来看，除了 200 亩以上这个种植规模的主体呈现增加的趋势，其他三类水稻种植主体都呈现不同程度的减小趋势，如图 17 所示。

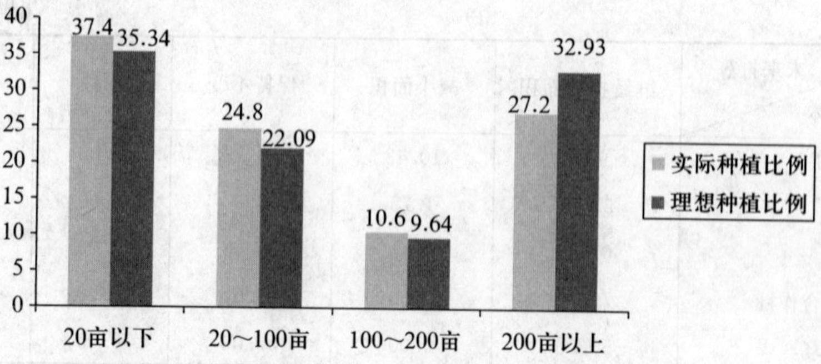

图 17 粮食生产经营主体 2012 水稻实际种植面积与理想种植面积的对比

2. 被调查粮食生产经营主体将来种粮打算

从被调查粮食生产经营主体未来种植水稻的打算来看，49.26%的被调查者选择保持不变，44.81%选择扩大种植面积，也有 5.19%选择减少种植面积，0.74%的选择不再种植。如图 18 所示。

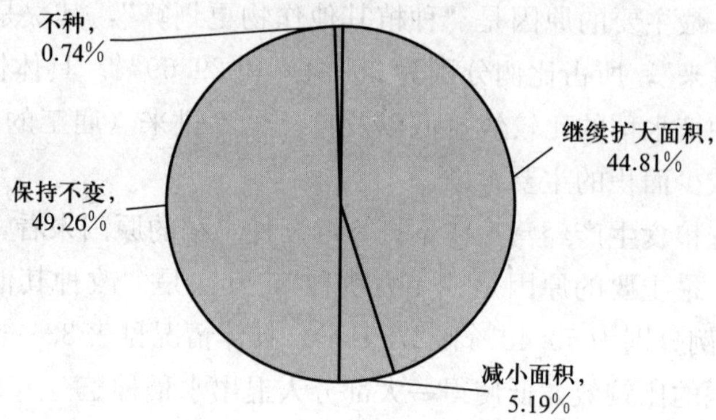

图 18 被调查粮食生产经营主体种植水稻的未来打算

从被调查粮食生产经营主体今后几年水稻种植打算与主体类型之间的关系来看，面积越大的主体（如家庭农场和粮食生产合作社），选择继续扩大种植面积的比例也越大，水稻种植面积越小的主体（如种粮小农户），选择保持不变的比例也越大，这主要是出于解决自己吃饭问题的需要。具体情况见表 32。

表 32　被调查不同类型种粮主体种植水稻的未来打算情况

单位：%

种粮主体＼未来打算	继续扩大面积	减小面积	保持不变	不种	合计
种粮小农户	9.38	10.42	78.13	2.08	100.00
种粮大户	57.89	1.75	40.35	0.00	100.00
家庭农场	67.90	2.47	29.63	0.00	100.00
粮食生产合作社	70.00	3.33	26.67	0.00	100.00
公司制农场	50.00	0.00	50.00	0.00	100.00

从被调查粮食生产经营主体扩大水稻种植面积的原因来看，选择扩大种植面积的主体中，最主要的原因是“水稻种植规模大，政府扶持力度大”，其次是“出于原有规模小，不经济的目的”，所占比例分别为 46.79%和 26.92%。具体情况见表 33。也就是说，政府的补贴力度和水稻种植的规模效益是种粮主体扩大面积的主要动力。

从被调查粮食生产经营主体减少水稻种植面积的原因来看，选择减少面积的主体中，最主要的原因是“种植其他作物更划算”，其次是“原有规模过大，忙不过来”，所占比例分别为 35.94%和 29.69%。具体情况见表 33。也就是说，种植水稻的比较效益低以及自己忙不过来（雇工的人工费又高）是种粮主体减少面积的主要考虑。

从被调查粮食生产经营主体不打算继续种水稻的原因来看，选择不种水稻的主体中，最主要的原因是“无力耕种”，其次是“改种其他效益好的作物”，所占比例分别为 53.49%和 27.91%。具体情况见表 33。也就是说，无力耕作和水稻的比较效益低使得一大部分人退出水稻种植。

从被调查粮食生产经营主体在扩大水稻生产规模的过程中最希望得到政府支持的方面（多选）来看，最希望得到的政府支持依次是加大直接补贴力度、帮助流转土地、控制农资价格，比率分别为 77.42%、57.26%、52.82%，其次是提供农业保险、解决资金问题的需求也较高，如图 19 所示。

当问到“在什么情况下，您家愿意把土地租给别人种”的问题时，有 52.94%的种粮主体回答自己没有能力时，有 25.98%的种粮主体回答是租

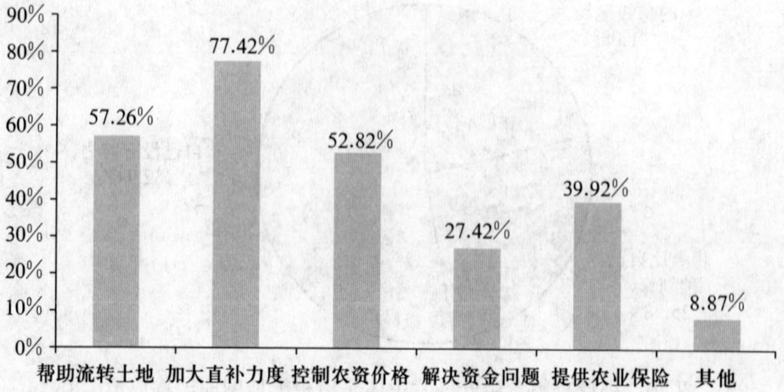

图 19 被调查粮食生产经营主体在扩大种植面积方面希望政府支持的情况

表 33 影响粮食生产经营主体未来打算的主要因素

未来打算	主要原因	百分比（%）
扩大种植面积	规模大，政府支持力度大	46.79
	与其他作物相比种粮食收益更稳定	17.31
	原有规模太小，不经济	26.92
	其他	8.97
	合计	100
减小种植面积	种植别的作物更划算	35.94
	原有规模太大，忙不过来	29.69
	配套设施服务跟不上	15.63
	其他	18.75
	合计	100
不打算继续种	改种收益好的作物	27.91
	无力耕种	53.49
	土地不合适继续种水稻	1.16
	其他	17.44
	合计	100

金比自己种划算时，另外有 21.08%的种粮主体回答找到其他更好的赚钱途径时。如图 20 所示。

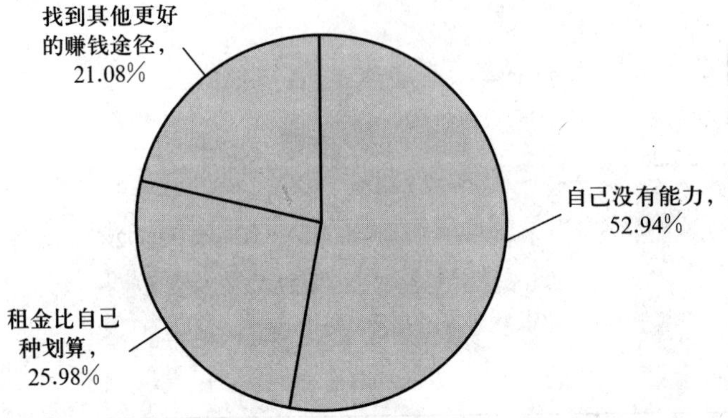

图 20　被调查粮食生产经营主体愿出租土地的原因构成情况

从问题“您是否希望您子女将来继承您的事业继续种植水稻”的回答与主体类型的关系来看，种植规模越大的主体，希望子女将来继承事业继续种植水稻的比例也越大，例如种粮小农户中只有 8.89%的人希望子女继续种植水稻，但是 83.33%的公司制农场种植户则希望子女继续种植水稻。如图 21 所示。

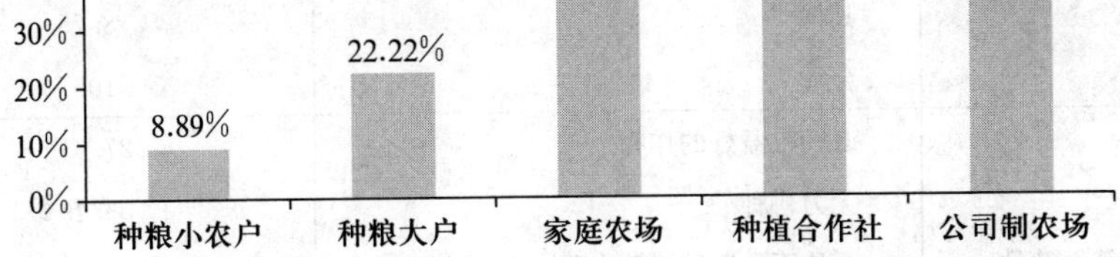

图 21　被调查不同类型种粮主体对子女继承种粮事业的态度情况

(十二) 被调查粮食生产经营主体社会化服务的获得和需求情况

1. 被调查粮食生产经营主体生产各环节获得社会化服务的情况

从被调查粮食生产经营主体水稻生产经营各环节目前所享受到的社会化服务情况来看，储存服务和加工服务比例最低不超过 20%，耕地服务、收割服务和植保服务比例最高，超过了60%。耕地、育秧、插秧、植保、收割、烘干、运输、储存和加工的比率依次为69.42%、44.63%、50.41%、66.12%、84.71%、38.84%、31.40%、11.57%和15.70%。如图22所示。

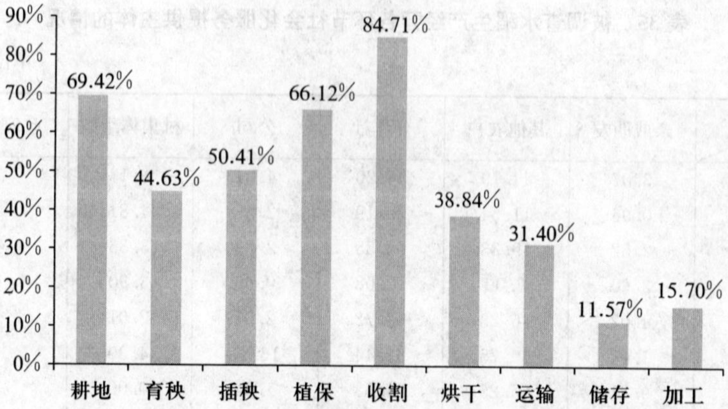

图22　水稻生产经营各环节目前所享受到的社会化服务情况

从被调查粮食生产经营主体水稻种植各环节目前所享受到的社会化服务情况与水稻种植规模之间的关系来看，水稻种植规模越大，主体所获得社会服务水平相对更高。种粮小农户一般自己耕作田地即可，所以社会化程度稍低，而公司制农场这样的种粮主体在耕地、育秧、插秧、植保、收割和烘干环节上基本可以实现社会化服务。具体情况见表34。

表34　不同类型种粮主体所享受到的社会化服务情况

单位：%

环节＼类型	种粮小农户	种粮大户	家庭农场	粮食生产合作社	公司制农场
耕地	72.73	58.49	65.75	88	100
育秧	37.5	45.28	41.1	72	100
插秧	37.5	56.6	49.32	80	100
植保	60.23	62.26	68.49	84	100
收割	86.36	86.79	80.82	84	100
烘干	12.5	41.51	58.9	60	100
运输	15.91	24.53	46.58	52	66.67
储存	2.27	9.43	13.7	36	66.67
加工	19.32	7.55	9.59	32	66.67

2. 被调查粮食生产经营主体生产经营各环节社会化服务提供主体情况

从对被调查水稻生产经营各环节社会化服务提供主体来看，目前提供社会化服务最多的两大主体是合作社和其他农户，具体情况见表35。

表35 被调查水稻生产经营各环节社会化服务提供主体的情况

单位：%

环节＼主体	亲戚朋友	其他农户	合作社	公司	村集体组织	政府农技部门
耕地	3.07	44.79	36.20	4.91	6.13	4.91
育秧	0.96	11.54	70.19	2.88	4.81	9.62
插秧	2.52	19.33	65.55	2.52	3.36	6.72
植保	2.60	9.09	72.08	0.65	3.90	11.69
收割	4.02	46.23	43.72	2.01	2.01	2.01
烘干	1.08	10.75	63.44	16.13	4.30	4.30
运输	9.21	55.26	31.58	1.32	0.00	2.63
储存	7.69	26.92	53.85	3.85	3.85	3.85
加工	47.22	19.44	16.67	13.89	2.78	0.00

3. 被调查粮食生产经营主体对生产经营各环节社会化服务满意度情况

从被调查粮食生产经营主体对水稻生产经营各环节社会化服务的满意度来看，排在前五位的依次是加工服务、储存服务、育秧服务、植保服务和插秧服务，满意度分别为100%、100%、98.94%、98.10%、98.06%。如图23所示。调查结果表明，种粮主体对于现在不同主体所提供的社会化服务的满意度普遍还是比较高的。

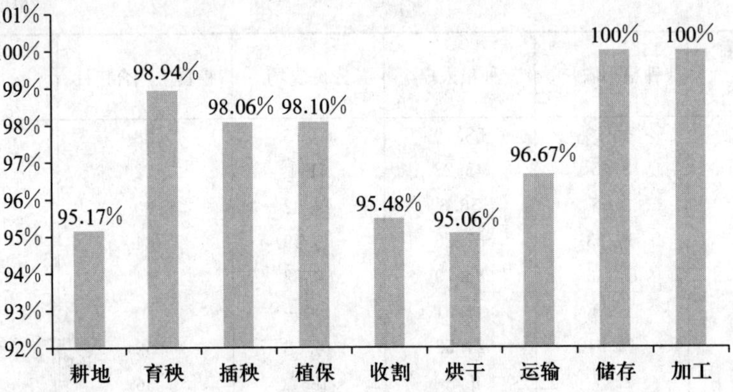

图23 粮食生产经营主体对水稻生产经营各环节社会化服务的满意度情况

4. 被调查粮食生产经营主体对生产经营各环节社会化服务的需求情况

从被调查粮食生产经营主体对水稻生产经营各环节社会化服务的现状与需求和主体类型之间的关系来看，除了公司制农场和粮食生产合作社的各环节的社会化服务需求得到了比较好的满足，种粮小农户和种粮大户，尤其是家庭农场的社会化服务还是普遍存在缺口的，加工、储存的缺口尤为明显，所以社会化服务还有极大的发展空间。具体情况见表 36。

从被调查粮食生产经营主体在水稻生产经营各生产环节对社会化服务主体的偏好情况看，绝大多数的种粮主体在水稻生产经营各生产环节都是比较偏好合作社来进行服务的。具体情况见表 37。

表 36　被调查水稻生产经营主体社会化服务的现状与需求情况

单位：%

对比 \ 环节		耕地	育秧	插秧	植保	收割	烘干	运输	储存	加工
种粮小农户	服务需求	82.28	58.23	51.90	68.35	82.28	32.91	20.25	11.39	27.85
	服务现状	72.73	37.50	37.50	60.23	86.36	12.50	15.91	2.27	19.32
	需求缺口	9.55	20.73	14.40	8.13	−4.09	20.41	4.34	9.12	8.53
种粮大户	服务需求	64.00	54.00	64.00	68.00	86.00	48.00	28.00	18.00	22.00
	服务现状	58.49	45.28	56.60	62.26	86.79	41.51	24.53	9.43	7.55
	需求缺口	5.51	8.72	7.40	5.74	−0.79	6.49	3.47	8.57	14.45
家庭农场	服务需求	67.16	49.25	56.72	68.66	85.07	65.67	47.76	22.39	25.37
	服务现状	65.75	41.10	49.32	68.49	80.82	58.90	46.58	13.70	9.59
	需求缺口	1.41	8.16	7.40	0.16	4.25	6.77	1.19	8.69	15.78
粮食生产合作社	服务需求	75.00	70.00	75.00	85.00	80.00	60.00	40.00	40.00	40.00
	服务现状	88.00	72.00	80.00	84.00	84.00	60.00	52.00	36.00	32.00
	需求缺口	−13.00	−2.00	−5.00	1.00	−4.00	0.00	−12.00	4.00	8.00
公司制农场	服务需求	33.33	66.67	33.33	66.67	33.33	66.67	0.00	0.00	66.67
	服务现状	100.00	100.00	100.00	100.00	100.00	100.00	66.67	66.67	66.67
	需求缺口	−66.67	−33.33	−66.67	−33.33	−66.67	−33.33	−66.67	−66.67	0.00

表 37　粮食生产经营主体在水稻生产经营各生产环节对服务主体的偏好情况

单位：%

环节＼服务主体	亲戚朋友	其他农户	合作社	公司	村集体组织	政府农技部门
耕地	2.65	29.80	45.70	5.96	6.62	9.27
育秧	0.85	5.98	64.96	9.40	3.42	15.38
插秧	1.61	9.68	63.71	9.68	3.23	12.10
植保	1.34	4.03	66.44	8.72	2.68	16.78
收割	1.71	28.00	53.14	7.43	2.29	7.43
烘干	0.00	6.80	62.14	12.62	4.85	13.59
运输	4.48	22.39	41.79	13.43	2.99	14.93
储存	0.00	5.26	52.63	7.89	5.26	28.95
加工	1.72	15.52	39.66	20.69	6.90	15.52

（十三）被调查粮食生产经营主体政府补贴获得与需求情况

1. 被调查粮食生产经营主体政府补贴获得情况

从被调查粮食生产经营主体政府补贴政策目前的获得情况与主体类型的关系来看，总体看来不同规模种粮主体对种粮直补、良种补贴、农资综合补贴以及病虫害统防统治作业补贴政策的获得普遍都很高，但是对于农机购置补贴、租地补贴以及农业保险补贴则是种植规模越大得到该补贴政策的主体所占比例就越大。具体情况见表 38。

表 38　被调查不同类型种粮主体政府补贴政策获得的情况

单位：%

补贴＼种粮主体	种粮小农户	种粮大户	家庭农场	粮食生产合作社	公司制农场
种粮直补	78.13	94.74	87.80	93.33	100.00
良种补贴	86.46	82.46	86.59	93.33	100.00
育供秧补贴	17.71	24.56	54.88	73.33	100.00
农资综合补贴	69.79	59.65	68.29	66.67	83.33
病虫害统防统治作业补贴	55.21	68.42	86.59	96.67	100.00
农机购置补贴	18.75	40.35	71.95	96.67	100.00
租地补贴	3.13	5.26	9.76	33.33	33.33
农业保险补贴	18.75	50.88	67.07	70.00	83.33

2. 被调查粮食生产经营主体希望政府提高补贴的情况

从被调查粮食生产经营主体希望政府提高补贴政策情况与主体类型的关系来看，种植规模越小的主体对种粮直补、良种补贴和农资综合补贴的需求比较大，种植规模越大的主体对农机购置补贴、租地补贴以及农业保险补贴的需求也越大。具体情况见表 39。

表 39　粮食生产经营主体对政府补贴政策的需求情况

单位：%

补贴＼种粮主体	种粮小农户	种粮大户	家庭农场	粮食生产合作社	公司制农场
种粮直补	80.21	78.95	67.07	50.00	50.00
良种补贴	62.50	54.39	42.68	20.00	16.67
农资综合补贴	75.00	54.39	41.46	36.67	33.33
农机购置补贴	17.71	21.05	31.71	60.00	50.00
租地补贴	10.42	29.82	50.00	60.00	83.33
农业保险补贴	19.79	28.07	25.61	13.33	50.00
其他	7.29	5.26	3.66	3.33	16.67

（十四）被调查粮食生产经营主体对粮食功能区的看法

从被调查粮食生产经营主体对粮食功能区的了解情况来看，46.10%的农户表示了解，33.45%的农户表示有点了解，20.45%的农户表示不了解，如图 24 所示。由此可见，目前浙江省水稻种植主体对粮食功能区了解程度还不够高。

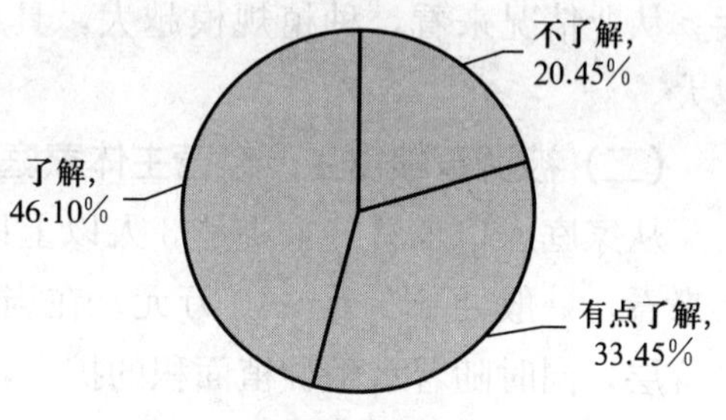

图 24　被调查粮食生产经营主体对粮食功能区的了解情况

当问到“您觉得目前政府建设粮食功能区对促进粮食生产作用如何”的问题时，51.6%的种粮主体回答作用很大，40.00%的种粮主体回答有点作用，只有 8.40%的种粮主体回答没有作用。如图 25 所示。调查结果说明，粮食功能区建设对促进粮食生产的积极作用是被大部分的种粮主体所认可的。

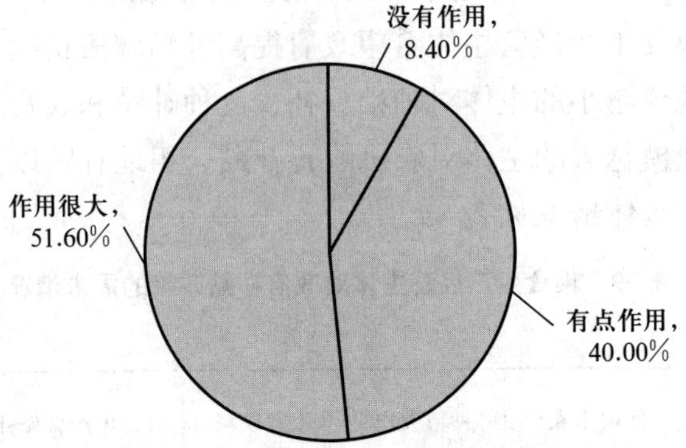

图25　被调查粮食生产经营主体对粮食功能区作用的认识情况

三、主要结论与建议

（一）被调查粮食生产经营主体的年龄和文化程度

从种粮主体的年龄来看，总体年龄偏大，集中在45～65岁，但也出现了一批年富力强的年轻农民，水稻种植规模越大，相对年轻的农民所占比重越大。从文化程度来看，总体文化水平偏低，但也出现了一批高中以上文化程度的有知识农民，水稻种植规模越大，文化程度越高的农民所占比重越大。从业情况来看，种植规模越大，具有办厂经商经历的农民所占比重也越大。

（二）被调查粮食生产经营主体家庭情况

从家庭人口来看，主要是3人以上以及3～5人为主。从家庭经济年收入来看，一般处于5万～10万元，在当地普遍属于中等或中等偏上收入水平阶层，同时随着水稻种植面积的扩大，来自粮食生产的收入越高，家庭经济年收入呈明显增加的趋势，家庭农场种粮农户家庭收入水平普遍在中等收入水平以上，种粮必须达到一定规模才能致富。因此，培育职业种粮主体，做好土地流转是关键，只有让他们达到一定的种植规模，才能致富和稳定下来。

（三）被调查粮食生产经营主体种植水稻的历史与原因

从种植历史来看，水稻种植规模越小的主体中，水稻种植历史越长久，水稻种植规模越大的主体越可能是水稻种植历史相对短的。从种植原因来看，普通种粮农户主要以解决自己家吃饭问题为主，而大规模种粮主体主要是为了赚钱，之所以选择种粮主要是因为种粮收益的稳定和有政府补贴。因此，要稳定种粮大户，关键要加大政府补贴力度和提高其种粮收益。

（四）被调查粮食生产经营主体水稻生产经营情况

种粮小农户和家庭农场的农户所占比例最大，且从近5年水稻种植面积变化情况来看，大户的种植面积都在不断地扩大，说明浙江省目前土地流转工作开展较好，专业大户阶层日渐形成，规模效益效果初显；土地流转的途径以农户自发商谈为主，村委会推动为辅，政府行政推动的效果并不明显；土地流转期限普遍太短，严重影响了种粮大户在种粮过程对机械投入的积极性和种粮的稳定性；土地集中连片度普遍不高，这在一定程度上影响了种粮主体的规模化经营；水稻种植技术获取以主体自我摸索和相关培训为主，尤其是种植规模越大，通过相关培训获得种植技术的比例越高；水稻种植所需资金仍以种粮主体自由资金、信用社贷款为主，银行贷款难问题依然很严重，也限制了种粮主体水稻种植农机具的购置；粮食销售渠道中早稻以政府合同收购为主，晚稻则是以商贩上门收购和自销为主。因此，下一阶段政府有必要进一步推动土地流转，规范土地流转形式，稳定土地流转期限，从而推动专业种粮大户的培育，鼓励更多的种粮主体通过水稻规模种植走向致富道路；放宽种粮大户进行银行贷款的准入限制，解决农户种粮过程中贷款难的问题。

（五）被调查粮食生产经营主体水稻生产经营成本与收益

从被调查粮食生产经营主体2012年每亩成本收益情况与水稻种植规模的关系来看，由于种粮小农户有很大一部分土地是自家的承包地不需要支付土地租金，并且不需要雇工，可以自我耕种，使得其亩净收益水平领先于其他的种植大户。种粮主体目前的种植水稻的亩净收益大都还远不能达到其所期望的效益，并且近年来种植水稻的每亩成本（包括物资费用、土地租金和其他费用）在明显的增加，其中土地租金的涨幅尤其明显。粮食价格太低、农资价格过高、人工费太贵、土地太分散、政府支持力度太小、土地承包期太短和自然灾害险太多等成为种粮主体水稻生产经营中面临的主要问题。因此，下一阶段政府应该在土地流转方面出台相关政策，一是通过土地租金补贴减低种粮大户的租地成本，二是做好土地流转工作，帮助稳定土地流转期限，三是提高粮食收购价格和加大政府补贴力度，四是控制农资供应价格，降低种粮主体水稻生产经营的成本，五是进一步完善农业保险政策，扩大农业保险的覆盖面，增加农业保险赔付额度，以防范水稻生产经营中的自然风险。

（六）被调查粮食生产经营主体对水稻种植规模看法与未来打算

从不同规模粮食生产主体对理想粮食种植规模来看，除了种粮小农户这个种植规模的主体普遍希望减小种植规模外，其他三类水稻种植主体则呈现不同程度的增加趋势，现有种植面积越大的种粮主体，理想水稻种植面积越大。

从未来打算来看，多数种粮主体选择保持种植规模不变，但是种粮大户、家庭农场和粮食生产合作社中的种植农户普遍希望扩大粮食种植面积，希望扩大水稻种植面积的主要原因是政府扶持力度大和可以获得规模效益，这些希望扩大规模的种粮主体，最希望得到政府加大直接补贴力度、帮助流转土地和控制农资价格；希望减少种粮面积的种粮主体，主要是由于种植其他作物效益较好而改种其他作物或由于管理能力跟不上而减少规模；规模小年龄大的普通种粮农户绝大多数愿意在自己没有能力耕作和租金足够高的情况下，愿意把土地流转出去；种植规模越大管理越规范的种粮主体希望子女继承从事种植粮食的比例越大。因此，下一阶段政府应该加大土地流转力度，一方面政府要逐步建立相关机制引导那些年龄大有意愿流转土地农户将土地流转出来，同时加大对种粮大户，尤其是对粮食生产合作社和家庭农场的支持力度，使土地向种植规模大的种粮主体集中；大力支持种植规模大的种粮主体培育自己子女继承水稻种植事业，以解决将来谁来种粮的问题。

（七）被调查粮食生产经营主体获得社会化服务的情况与看法

种粮主体目前所得到的社会服务普遍不高，其中机耕服务、植保服务和收割服务相对高些，被调查粮食生产经营主体对于所获得的社会化服务满意度普遍是比较高的。从被调查粮食生产经营主体对水稻生产经营各环节社会化服务的现状与需求来看，除了机耕服务、收割服务基本得到满足，其他像加工服务、烘干服务、储存服务和育秧服务等的服务需求都没有得到满足。种粮主体最希望提供社会化服务的部门是粮食合作社。因此，下一阶段应该根据种粮主体实际需求继续加快水稻生产经营社会服务体系的建设，尤其是加大对粮食专业合作社的扶持力度，提高其服务能力，充分发挥粮食合作社在粮食社会化服务中的作用。

（八）被调查粮食生产经营主体政府补贴政策的获得与需求情况

总体看来，不同规模种粮主体普遍获得了种粮直补、良种补贴、农资综合补贴以及病虫害统防统治作业补贴，但是对于农机购置补贴、租地补贴以及农业保险补贴则是种植规模越大得到该补贴政策的种粮主体所占比例就越大。种植规模越小的种粮主体对种粮直补、良种补贴和农资综合补贴的需求比较大，种植规模越大的种粮主体对农机购置补贴、租地补贴以及农业保险补贴的需求越大。调查表明，目前政府出台粮食补贴政策多而杂，尤其是种粮直补，实施行政成本很大，但效果不好。因此，下一阶段政府要对农业补贴政策进行调整，调整补贴方式，将补贴对象重点放在对种粮大户和粮食合作社上。对于种粮大户重点进行土地流转费用和机械购置补贴，并提高补贴力度；对于粮食合作社，一方面重点对其服务设施建设进行补贴，设施补贴重点放在育苗中心、烘干中心的建设以及其他大型农业机械购置方面，提高其服务能力；另一方面，对合作社提供的育秧、机插、机耕、病虫害统防统治以及烘干等服务，根据其服务数量和质量进行大力补贴，提高其服务粮农的积极性；取消普惠的粮食直补政策，对于流转出土地的农户，在社会保障方面给予相应补贴政策，从而鼓励其退出粮食生产和流转出土地的积极性。

专题报告二 浙江北部5县（市、区）粮食生产经营主体调查报告[①]

2012年12月4日至2012年12月21日，浙江大学中国农村发展研究院相关研究人员对湖州市南浔区、嘉善县、杭州市萧山区、诸暨市、宁波市鄞州区5个典型产粮县（市、区）的生产主体（主要是粮食生产经营主体）以及相关服务组织（主要是粮食专业合作社）进行了走访和问卷调查，在走访和问卷调查的基础上，形成了本研究报告。

一、粮食生产经营主体发展现状、问题及发展对策

（一）生产经营主体总体数量及分布情况

从浙江北部5个县（市、区）的调查情况来看，目前从事粮食生产的主体根据土地流转规模，可以分为种粮小农户、种粮大户、家庭农场、粮食生产合作社与公司制农场几大类。生产主体总体发展是呈现两头大和中间小的发展态势，即一头是种粮小农户数量多，耕种面积所占比例大，另一头是100亩以上的家庭农场虽然数量还不多，但耕种面积所占比例也很大，尤其像在宁波鄞州区这些经济特别发达的地区，这种现象越明显。从最近3年的发展趋势看，100亩以上家庭农场呈不断增加的趋势，而100亩以下的大户，尤其是20亩以下的种粮小农户呈下降的趋势（表1）。

表1 被调查的浙北5县（市、区）粮食生产经营主体数量及耕种土地面积情况

地区	年份	种粮小农户（<20亩的粮食生产经营主体）		种粮大户（面积在20～100亩的粮食生产经营主体）		家庭农场（面积在100亩以上的粮食生产经营主体）		粮食生产合作社		公司制农场	
		户数	播种面积	户数	播种面积	家数	播种面积	家数	播种面积	家数	播种面积
南浔	2010	98 059	32.86	500	2.66	183	3.26	/	/	1	162
	2011	97 311	31.99	460	2.69	189	3.32	/	/	1	162
	2012	96 847	32.15	409	2.46	198	3.63	/	/	1	1 762

① 本分报告由浙江大学中国农村发展研究院郭红东撰写，王长川、周惠珺、邢沁青、邱元、兰欢等参加了北部5县（市、区）调研。

（续）

地区	年份	种粮小农户（<20 亩的粮食生产经营主体）		种粮大户（面积在 20～100 亩的粮食生产经营主体）		家庭农场（面积在 100 亩以上的粮食生产经营主体）		粮食生产合作社		公司制农场	
		户数	播种面积	户数	播种面积	家数	播种面积	家数	播种面积	家数	播种面积
嘉善	2010	55 512	21.58	512	2.31	143	2.39	3	0.16	/	/
	2011	51 940	19.99	561	2.52	194	3.45	4	0.17	/	/
	2012	49 466	16.93	785	1.93	422	6.51	10	0.38	/	/
诸暨	2010	287 283	44.18	1 012	3.87	328	8.34	5	0.77	0	0
	2011	251 277	44.56	1 003	3.82	310	7.97	7	0.92	0	0
	2012	251 265	45.33	950	3.83	311	8.14	7	0.93	0	0
鄞州	2010	55 031	14.31	1 720	11.53	441	8.73	/	/	/	/
	2011	54 773	12.76	1 693	10.29	507	10.65	/	/	/	/
	2012	54451	12.8	1627	7.66	568	13.43	/	/	/	/
萧山	2010	126400	23.48	279	1.21	166	4.8	13	1.03	/	/
	2011	110 200	22.29	235	1.12	147	3.88	20	1.02	/	/
	2012	107540	28.04	201	0.83	3.78	13.43	26	1.52	/	/

（二）各种粮食生产经营主体特征及发展态势

1. 种粮小农户

这类粮食生产经营主体主要以自己家庭承包地进行粮食生产，少部分从自家亲戚、邻居和朋友处租用少量土地耕种，租金很低或免费，种植规模一般少于 20 亩，以家庭劳动力为主，从事生产的主要是一些留在农村的老年农民，年龄大部分在 60 岁以上，这些农民有种粮的传统，种粮不是为了赚钱，主要是习惯，种的粮食主要是供自己家庭消费。种粮的技术主要依靠自己的经验，种粮的一些环节，如收割、机耕等主要依靠别人服务完成。从浙北 5 个县（市、区）的调查情况看，这类粮食生产经营主体数量很大，耕种的面积在总耕地面积中所占比例也很高。但从总的发展趋势看，这部分粮食生产经营主体耕种面积占总耕地面积比例是呈下降趋势的。可以预料今后十年随着这批老年农民的逐步退出，种粮小农户将会大量减少，具体见图 1。

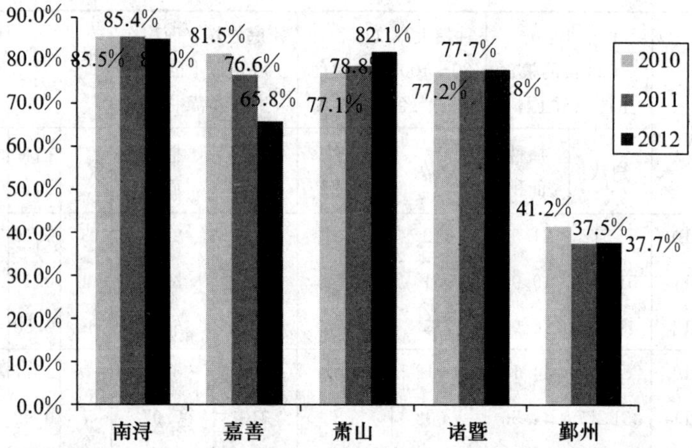

图 1　浙北 5 县（市、区）2010—2012 年小农户耕种面积变化情况

2. 种粮大户

这类粮食生产经营主体主要是一些具备技术水平、经营能力且有一定资金实力的种粮农民，通过承包集体组织或周边粮食生产经营主体的土地，实行规模经营。这类大户一般是土生土长的农民，年龄在 50 岁左右。他们之所以选择种粮，一方面是自己有种粮的特长和兴趣，另一方面是种粮收入比较稳定和有政府补贴。经营规模主要在 20～100 亩左右，土地主要从周边粮食生产经营主体流转过来，一般比较分散，土地质量也不是很好，但租金比较便宜，以夫妻两人劳动为主，辅以少量季节性雇工。这些粮食生产经营主体一般自己拥有拖拉机等小型机械，大部分种粮环节自己完成，同时还为周围粮食生产经营主体提供一些机耕服务以赚取服务收入。这些粮食生产经营主体种粮技术主要以自己经验为主，所产粮食部分通过政府订单收购，也有部分通过商贩等其他渠道销售。这类粮食生产经营主体的生产成本除了化肥农药等物资成本外，土地租金是很大的一笔成本。这类粮食生产经营主体以种粮收入作为家庭收入的主要来源，同时还利用种粮空闲时间做副业赚点钱。他们对种粮收入的期望值不是很高，一年种粮收入能达到本地打工收入的平均水平就基本满意了。从调查情况看，近年来随着种粮成本的不断提高，种粮的每亩效益不断下降，迫使这些粮食生产经营主体必须通过扩大规模，才能稳定收益。如果种粮达不到一定规模，收入达不到当地一般打工的

收入水平，这些粮食生产经营主体就有可能不种田。以湖州南浔为例，一般夫妻家庭外出打工年收入 6 万元左右，而种水稻每亩净收益也就 400 元左右，如果种粮面积达不到 150 亩左右，其家庭收入就很难达到当地平均收入，就不能保证其种粮积极性。从被调查粮食生产经营主体的数据来看，也反映了这个趋势，20～100 亩的粮食生产经营主体数量不断下降，主要原因是，一部分粮食生产经营主体不断扩大规模，种粮面积超出 100 亩，一部分粮食生产经营主体，由于规模太小，种粮不划算退出了。具体见图 2。

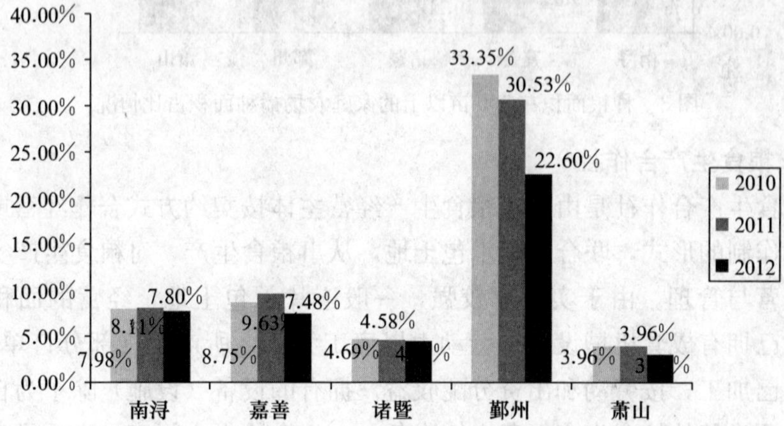

图 2 种粮面积在 20～100 亩的大户播种面积占比情况

3. 家庭农场

这类“大户”主要是国家干部、城镇职工、离退休人员，或是经商者，土地通过购买使用权或转租转包所得。这类大户一般经营面积很大，有不少已超过 500 亩。劳动力除了家庭劳动力外，有长期雇工，大户主要负责经营管理。这类大户一般是在其他行业已经取得一定的成绩、有较强的经济实力并拥有一定的经营管理头脑和抵御经济风险的能力。这类大户与种粮大户最大的区别是大部分不是“土生土长的农民”，是来自其他行业的进入者。这类大户从事粮食生产，主要是看中这几年政府投入力度大，从事粮食生产有利可图而进入，种粮收入远远超过一般农民的收入，生产的粮食主要通过政府订单收购。近年来，由于各地出台了不少鼓励家庭农场的支持政策，这类大户目前发展势头比较快，如图 3 所示，在浙北 5 县（市、区）近 3 年发展呈明显加快的趋势。

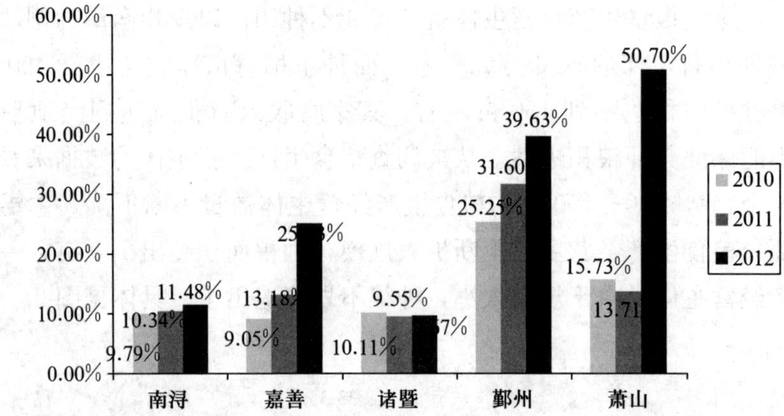

图 3　种粮面积在 100 亩以上的家庭农场播种面积占比情况

4. 粮食生产合作社

粮食生产合作社是由多个粮食生产经营主体按契约方式合作经营或采用股份合作制的形式，联合出资承包土地，从事粮食生产，对粮食生产实行企业化经营与管理。由于实力比较强，一般连片承包土地，经营的面积比较大，自己拥有成套机械设备，劳动力以雇工为主，所产粮食部分订单收购，部分自己加工，按劳动和出资分配收益。拥有的设备（设施）除了为自己服务外，还为其他粮食生产经营主体服务。由于合伙人之间容易产生矛盾，这类组织大户的稳定性比较差。

5. 公司制农场

这类农场是由多户农民以自己承包的土地使用权作为股份，而且允许粮食生产经营主体以土地使用权等值的资金、实物、技术、劳动力等生产要素作为股份，按照协议，以自愿互利的原则组织起来，从事生产经营活动。在坚持以按劳分配为主的同时，兼顾以生产要素分配，不仅保证有一定比例的股金分红，而且保证有公共积累并成为独立法人，独立承担民事责任。这是依法批准建立的经济组织，是股份合作制形式的现代农业企业。

（三）发展规模经营需要具备的基本条件

从浙北种粮主体的调查看，实行规模经营是需要一些基本前提条件的。主要表现在：

1. 土地流转与适当集中

大户经营同一般的种粮农户经营最根本的区别在于经营规模远远大于一

般种粮农户的经营规模，而这首先在于土地规模的扩大。如果连起码的土地适度规模都不能实现，那么，机械化作业、专业化生产都会很难进行，也就无所谓“农场”之说，更谈不上农业规模经营和农业现代化。

2. 剩余劳动力有效转移

集中一部分粮食生产经营主体的土地必须有一个前提，即他们能向非农产业或城镇转移，能获得较稳定的非农业收入，有了生活保障，才会放弃和让度土地的使用权。从调查情况看，非农产业发展越好，农业劳动力转移越稳定的地区，土地流转也容易，越容易实现规模经营，如萧山和鄞州区这些经济发达地区，明显高于其他地区。

3. 农业基础设施完备

从调查情况看，通过粮食功能区的建设，农田水利、交通运输等基础设施得到了很大改善，为大户经营创造了很好的条件。

4. 有一批能人

从调查情况看，粮食规模经营，要有一批有资金实力，有文化、有知识、懂技术、善管理的社会能人。

5. 政府扶持力度大

从调查情况看，政府的扶持政策对于推动大户经营具有很大的作用。如鄞州区专门出台了根据不同的种粮规模给予不同程度的奖励政策，规模越大，奖励力度越大；如萧山区出台了土地流转的补贴政策，鼓励大户经营；南浔区出台了鼓励村集体连片土地出租的政策，土地流转达到一定规模，给予不同程度的奖励。

（四）目前规模经营存在的突出问题

经过几年的发展，规模经营模式已进入快速发展时期，部分县（市、区）种植面积已达相当比例，取得了许多成功的经验。应该肯定的是，粮食规模化生产具备了现代化大生产的基本特征，是实行科学管理和现代化管理的基础，有利于专业化协作生产的巩固和发展，有利于稳定粮食生产。但大户经营，目前面临不少突出问题。主要表现在：

1. 土地问题

（1）土地连片难。相对集中连片的土地，是实现规模经营的基础保障条件。从浙北生产经营主体调查数据看，种粮大户总体连片的比例只有41%

左右。土地连片比较困难。土地不连片不利于土地的机械化作业。但在调查中发现粮食功能区的建设，对于解决土地连片种植问题起到了比较大的作用。

（2）土地流转不规范。从浙北调查看，尽管嘉善与南浔通过村委会流转的占了比较大的比例，但大部分地区土地流转是生产经营主体之间进行的，具体见表2。

表2　粮食生产经营主体流转土地的方式

单位：户

地区＼流转形式	通过村委会	通过自己直接与粮食生产经营主体谈	通过熟人介绍	通过其他途径
嘉善	11	5	0	0
南浔	14	1	0	0
萧山	5	5	0	0
鄞州	0	17	0	0
诸暨	3	16	2	1
合计	33	44	2	1

（3）土地稳定难。目前种粮生产经营主体最担心的是承包土地不稳定，今年有地种，明年没有地种。从调查情况看，在经济较发达地区，随着农村劳动力的大量转移，有很多农民愿意出租土地，实现土地流转比较容易。但从被调查粮食生产经营主体土地租期来看，租期普遍很短，大部分是一年一签，具体见表3。要实现土地的长期稳定供应，仍存在较大难度，目前的法律法规主要约束了大户，而对农民则作用不明显。尽管大户会与农民签订较长期的土地租赁合同，并通过公证部门进行公证，而一旦农民反悔，大户也就无法应对，实际制约功能乏力。

表3　被调查不同地区生产经营主体土地租期情况

单位：户

农民＼租期	1年及以下	2～3年	3～5年	5～10年	10年以上
种粮小农户	4	0	1	0	5
种粮大户	14	1	6	2	3

（续）

农民＼租期	1年及以下	2～3年	3～5年	5～10年	10年以上
家庭农场	15	8	18	2	1
粮食生产合作社	1	3	4	1	2
公司制农场	0	1	0	0	0
合计	34	13	29	5	11

2. 成本上涨问题

大户经营生产成本，除了一般物质成本外，不同于一般粮食生产经营主体的是还有土地租金和用工成本。近年来，在浙北这些经济发达地区，随着各地农业产业结构的调整，不少地区其他非粮产业的效益不断提高，土地租金上涨过快（例如，蔬菜水果每亩1 000元左右，花卉苗木每亩 2 000 元，养鱼每亩 2 500～5 000 元）。另外，随着经济不断发展，农村劳动力不断专业，用工成本也不断增加。从被调查不同地区的雇工的最高工资水平来看，不同地区差距较大，季节性雇工工资，南浔只有 100 元/天，嘉善不到 140 元/天，萧山与诸暨则超过了 150 元/天，鄞州最高 200 元/天。常年雇工，南浔只有 2 000 元/月左右，嘉善则 2 500 元/月，鄞州 3 000 元/月，萧山与诸暨最高 3 500 元左右，具体见图 4。调查结果表明，经济发达的地区，雇工的工资也高。

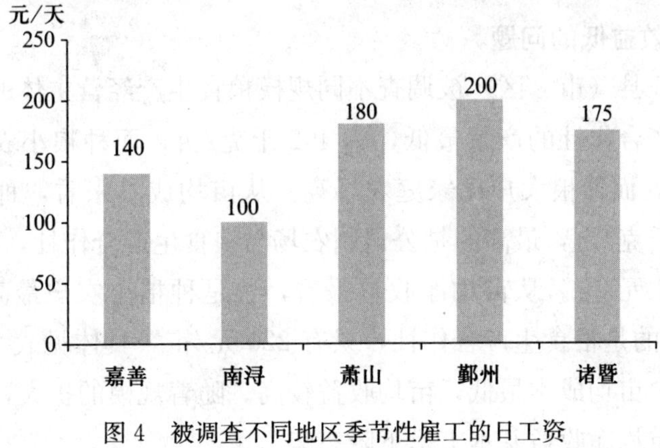

图 4　被调查不同地区季节性雇工的日工资

从被调查生产经营主体的物资成本来看，近三年物资费用大多数是上涨的。不同生产经营主体生产成本也不同，种粮大户的平均物资成本最低，而粮食生产合作社物资成本最高。土地租金总体连年上涨，且呈现加速上涨的态势，随着规模扩大，租金呈上升态势，公司制农场的土地租金最高。其他费用总体也是随着规模扩大而上升，种粮大户的其他费用最低，最高的是粮食生产合作社。具体见表4。调查结果表明，除公司制农场外，随着土地规模的扩大，物资费用基本呈下降态势、土地租金上涨、其他费用也基本呈上涨态势。

表4　被调查粮食生产经营主体亩均物资成本、土地租金、其他费用

单位：元

亩均 农户	物资费用			土地租金			其他费用		
	2012	2011	2010	2012	2011	2010	2012	2011	2010
种粮小农户	513	514	481	349	249	260	221	189	176
种粮大户	432	431	412	478	416	380	154	104	116
家庭农场	453	452	436	622	537	503	285	208	210
粮食生产合作社	580	543	524	668	614	500	725	900	900
公司制农场	510	—	—	700	600	500	—	—	—
总　计	501	489	461	563	483	429	293	290	291

3. 比较效益低的问题

从浙北5县（市、区）被调查不同规模粮食生产经营主体的亩均产量来看，粮食生产合作社的产量最低，为492千克/亩，而种粮小农户最高，为627千克/亩，而种粮大户比家庭农场高。从亩均成本来看，种粮小农户最低只有700千克/亩，最高的是公司制农场与粮食生产合作社，分别为1 350元/亩、1 681元/亩。从亩均净收益来看，也是种粮小农户最高，可达849元/亩，最低的是粮食生产合作社，只有220元/亩，具体见表5。调查结果表明种粮农户亩均成本最低，亩均收益较高。随着规模的扩大，亩均成本呈上升态势，亩均净收益基本上呈下降态势。

表 5　被调查粮食生产经营主体亩均产量、成本与净收益（不含政府补贴）

亩均 / 农户	产量（千克）	成本（元）	净收益（元）
种粮小农户	627	700	849
种粮大户	571	1 039	605
家庭农场	542	1 272	496
粮食生产合作社	492	1 681	220
公司制农场	600	1 350	390
总计	598	1 120	554

从不同地区被调查粮食生产经营主体来看，亩均产量萧山与鄞州区都超过了 600 千克，诸暨市最低 510 千克。亩均成本也是萧山与鄞州区最高，诸暨市最低。亩均净收益萧山与诸暨区超过 800 元/亩，嘉善最低 635 元/亩，具体见表 6。调查结果表明，经济较为发达的地区亩均产量较高，但亩均成本也较高。

表 6　不同地区被调查粮食生产经营主体亩均产量、成本与净收益

（不包括补贴）

亩均 / 地区	产量（千克）	成本（元）	实际净收益（元）
嘉善	529	786	635
南浔	573	831	700
萧山	646	879	868
鄞州	607	968	642
诸暨	510	725	811
总计	573	838	731

从被调查粮食生产经营主体保持种粮积极性需要有多少纯收益来看，不同地区平均在 950 元/亩左右，最高的是萧山 1 400/亩左右，最低的是诸暨 800 元/亩左右，与目前种粮的实际收益差距比较大，具体见图 5。从调研情况看，粮食生产经营主体种粮期望收益不仅与经济发展水平有关，也与当地其他农业产业发展水平有关。比如萧山区不仅经济发展水平高，而且其他农业产业，如花卉苗木产业发展很快，这样种粮比较效益明显偏低。如果不提高种粮效益，要稳定粮食生产是很难的。比如宁波鄞州区尽管经济发展水平很高，但其他农业产业发展没有萧山区好，种粮效益与其他产业效益相比，反差不特别大，所以粮食生产经营主体种粮的预期收益也不很高。从这个角

度来看，目前浙江省农业“两区”建设是有矛盾的，现代农业设施园区建设得越好，其他非粮产业收益越高，种粮比较效益越低，如果不加大政府补贴力度，粮食功能区是没有粮食生产经营主体愿意种粮的。

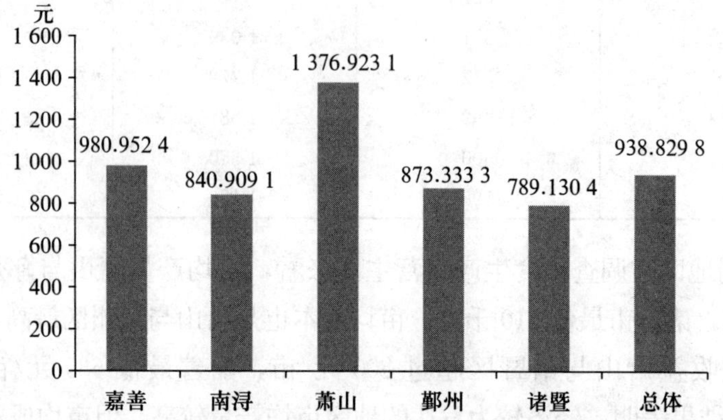

图 5　不同地区被调查种粮主体期望的种粮亩均纯收益

从调研情况看，不同规模种粮主体，预期收益是有差异的。粮食生产合作社的期望收益与实际收入差异最大，粮食生产合作社期望收益 1 200 元/亩左右，实际收益 220 元/亩，公司制农场期望收益是 300 元左右，而实际收益是 390 元/亩，具体见图 6。调研结果表明，期望收益与实际收益反差最大的是粮食生产合作社，公司制农场满意度最高，反映了合作经营的低效率。

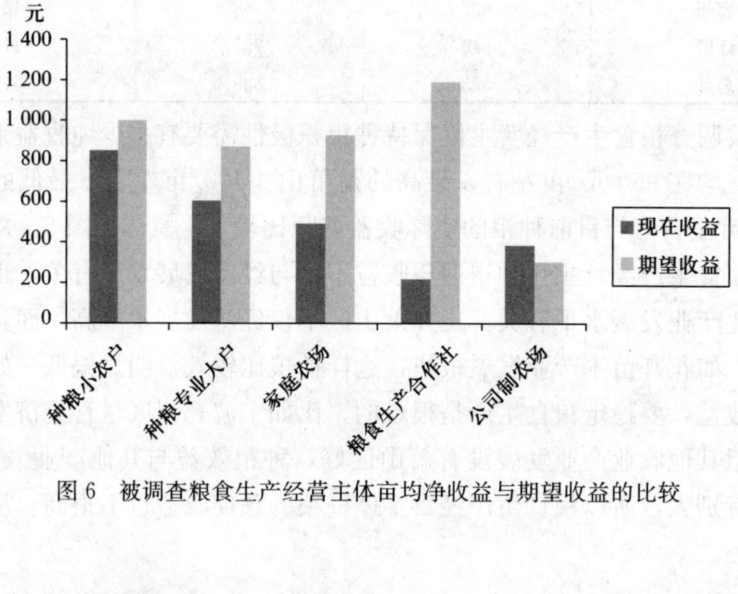

图 6　被调查粮食生产经营主体亩均净收益与期望收益的比较

4. 生产风险问题

粮食生产经常会遇到风、雹、旱、涝、病等灾害，而造成重大减产或歉收。大户投入高，种植面积大，哪怕一个环节出现问题，就容易出现亏损。亏损数额一旦偏大，超出规模经营者的承受能力，势必会影响粮食生产的持续稳定健康发展。因此，必须建立长期有效的规避风险机制，来保障规模经营者的种粮效益，实现粮食生产的良性循环。

（五）发展粮食规模经营需要把握的几个问题

规模经营是对我国现代粮食生产由传统农业向现代农业转变的必然要求。但它的发展有一个较长的过程，实现适度规模经营是现代粮食发展的必然趋势，不去积极创造条件是错误的，而不顾条件是否成熟盲目追求规模经营也是错误的。为此，必须把握以下几个问题。

1. 要尊重农民意愿

发展适度规模经营是以家庭承包责任制为基础的农业经营机制，涉及千家万户的利益，因此必须充分尊重农民的意愿，采取得力措施引导农民自愿放弃经营权和承包权，并在此基础上，推动土地向经营能手集中。而绝不能生拉硬拽，引起群众不满，影响社会安定。

2. 要因地制宜

各地情况不一，经济发展差异较大，因此，要从各地的实际出发，因地制宜，分类指导。宜于发展耕地适度规模经营的地方，要抓住机遇，加快发展。而且在模式的选择上也要结合本地特点，办出自己的特色。

3. 要注意规模适度

粮食生产经营规模并非愈大愈好，而是有一个合适的“度”。在不同地区和不同生产条件下粮食生产都存在“适度规模”问题。也就是说，并不是种粮的面积越大，生产效益就越高，存在一个效益最优的生产规模。根据目前粮食生产经营主体经济实力、家庭实际劳动力、文化水平及机械拥有的情况不同，可以从三个层次分析粮食生产经营主体的“适度规模”问题。从浙北 5 县（市、区）的调查数据来看，对于一般种粮主体来说，通常情况下他们并不愿意花费较高的成本雇佣其他劳动力进行各个生产环节的作业，他们更愿意由自己家的劳动力完成所有（至少是大部分）的生产作业环节。而在目前农村地区大多数青壮年劳动力外出打工的情况下，一般家庭的实际劳动力在2～3个，因此，他们自己认为种粮适合的规模是13亩左右；对于种粮大户来说，他们认为种粮适合的规模是115亩左右，远远高于目前平均的60亩左右；对于家庭农场来说，认为种粮适合的规模是480亩左右，远远高于目前平均的310亩；对于粮食生产合作社来说，认为种粮适合的规模是950亩左右，与目前平均935亩的面积接近；对于公司制农场来说，认为种粮适合的规模是3 000亩左右，远远高于目前平均的1 800亩（图7）。起彼落对于规模种粮大户来说，如果规模过小，则在目前亩均收益比较低的情况下，难以依靠种粮收入来改善自己的生活，所以必须通过不断扩大规模经营，依靠规模效益来提高自己的收入，但如果规模太大，又会面临用工成本的增加、雇工田间作业环节的监督成本的上升以及耕作精细化程度的下降等问题，边际效益递减。从浙北5县（市、区）调查的数据看，以家庭劳动力为主的种粮大户"适度规模"在120亩左右。有雇工经营的家庭农场，"适度规模"在500亩左右。

二、粮食生产社会化服务主体发展现状、问题及发展对策

（一）粮食服务主体总体发展现状

从浙北5县（市、区）的调查情况看，目前提供粮食生产服务的主要是粮食合作社。粮食合作社是农民专业合作社的一种，是在农村家庭承包经营

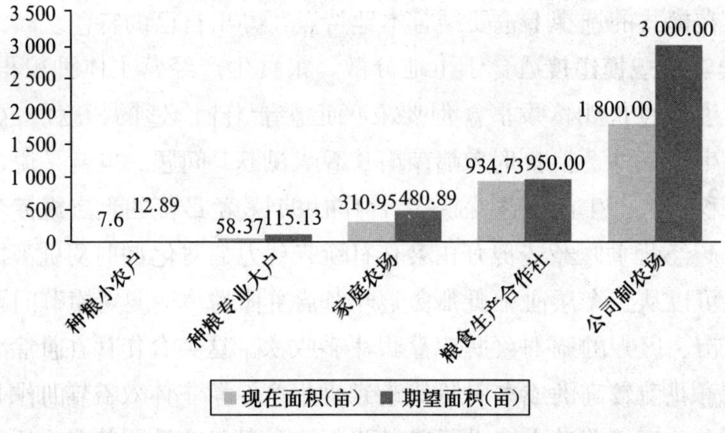

图7　不同类型粮食生产经营主体实际耕种面积与期望耕种面积比较

基础上，粮食生产经营者或者粮食生产专业化服务的提供者、利用者，自愿联合、民主管理的互助性经济组织。这种模式是在家庭经营的基础上，通过粮食专业合作社，提供部分或全部环节的专业化服务统分结合的双层经营模式。

（二）粮食服务合作社的主要类型

1. 按照服务内容划分

按照服务内容划分为服务型合作社和综合型合作社两种类型。

（1）服务型粮食合作社。这类合作社是在粮食生产经营主体经营的基础上为社员提供产前、产中和产后统一服务。其运转机制为：建立合作社相关章程、管理层职责、财务管理制度、盈余分配及风险保障机制。合作社内部组建育苗、植保、烘烤、分级、机耕等专业队，为合作社社员提供专业化有偿服务，提供技术培训、指导及有关信息服务，种植成本和风险由各种粮农自行负责，种植收入归粮农各户所有。专业服务纯收入归合作社所有。

服务型合作社的好处主要体现在：①未改变土地经营权与所有权，破解了土地流转难、流转以后矛盾多的难题。②粮食生产经营主体以土地和劳动力参与合作，种植水稻少用工、收益增加，且不承担投入与风险，入社积极性较高，利于规模化种植。③形成了将简单操作与技术不高的环节交由粮食生产经营主体完成，劳动强度大与技术要求高的环节交由专业服务队操作的新型生产专业化分工体系。④将粮食生产经营主体劳动力投入与收益挂钩，破解了大规模流转土地后雇工难，价格高的难题，既有利于降低生产成本，又利于提高技术措施到位率。

粮食服务型合作社适合于土地分散、粮食生产经营主体种粮积极性高、交通不是很方便的山区发展。但要发展这类合作社必须要有懂经营、善管理、能奉献的带头人，同时政府要有比较大的扶持力度。

（2）综合型粮食合作社。这类合作社的特点是集生产与服务功能于一体，社员以土地使用权入股，由合作社统一经营管理，同时对没有入社的粮食生产经营主体开展专业有偿服务以增加合作社收入。这类合作社除了从事粮食生产外，还从事多种经营以获得更多收入。这类合作社在社会效益方面运行效果很明显，一是合作社周围的粮食生产经营主体效益增加明显，种粮积极性提高；二是合作社示范带动效果好，尤其是在适用技术方面起到了很好的示范和带头作用。三是合作社开展专业化服务，减轻粮食生产经营主体劳动强度，减低种粮生产成本投入。

这类合作社一般进行多种经营，合作社日常管理比较复杂，同时经营风险也比较大。发展这类合作社需要比较严格的条件：一是需要有懂得合作社知识、经营能力强和当地威望比较高的领导人，二是需要有政府的大力支持，三是当地产业基础比较好，四是合作社骨干成员有能力投入资金和承担经营风险。这类合作社经营得好发展壮大比较快，但经营不好，很容易导致亏损和破产，因此应慎重发展这类合作社。

2. 按照依托对象不同划分

按照合作社依托对象不同可分为集体经济组织依托型、龙头企业依托型和能人依托型三种类型。

（1）集体经济组织依托型。主要由村社区集体经济组织围绕粮食生产，把一部分种粮生产经营主体组织起来，成立合作社，开展粮食社会化服务的一种发展模式。从浙北5县（市、区）的调查来看，村社区集体经济组织尽管总体上存在服务功能不强、积累功能弱化、封闭性等问题，但并不能否认它在发展粮食专业合作社中的有利条件，因为这种组织在目前我国农村中具有许多别的组织和部门所不能替代的作用。如农村土地集体所有的性质，决定了社区集体经济作为集体土地的所有者主体和集体土地的管理者，有其不可替代的作用；社区集体经济组织作为其他集体财产的所有者代表是不可替代的；社区集体经济组织作为社区内公共产品的主要提供者，其作用不可替代；社区集体经济作为国家基层政权机构的延伸和补充，对沟通政府与农民的关系，其作用不可替代；同时作为社区集体经济组织实际权利控制者的村支部和村委会班子人员，一般是由本村农民选出来的农村能人组成，这些人一般是当地的精英分子，不仅在当地有较高的威望，可以容易调动当地的各种资源，而且他们往往又上通政府部门，可以争取到政府的资源来发展本村经济，在当地他们的作用是一般人所不能替代的。从浙北5县（市、区）的调查来看，在一些粮食生产专业村，依托村集体经济组织发展粮食合作社，提供社会化服务效果是不错的。

（2）龙头企业依托型。是以从事粮食加工或销售等业务为主的公司为依托，吸收相关粮食生产经营主体组建专业合作社，以专业合作社为载体，实行“公司＋专业合作社＋粮食生产经营主体”的产业化经营的发展模式。从浙北5县（市、区）的调查来看，这也是一类很重要的发展模式。公司领办合作社的主要目的是为了获得稳定的原料来源。由于目前农产品的市场竞争越来越激烈，同时消费者对食品的质量要求越来越高，农产品的竞争已不仅仅是终端产品的竞争，而是从田头到餐桌的整个产业链的竞争。对于从事农产品加工企业来说，如何稳定地获得高质量的原料供应，已是提高其竞争力的关键所在。而在目前我国一家一户分散经营的体制下，公司不可能与粮食生产经营主体一家一户发生交易，因为这样做交易成本很大，而且质量难以得到保证，同时自己购买或租用大量的土地又要付出很高的成本。在这种情况下，公司非常需要有一个中间载体，它一方面能代表粮食生产经营主体与公司统一发生关系，另一方面能代表公司与粮食生产经营主体发生关系，能把公司对生产的质量要求等传递给粮食生产经营主体，并服务和培训农民。公司以合作社为载体提供一些优惠的服务（如提供生产资料、技术指导和产品销售服务等）以吸引粮食生产经营主体参加，而合作社的主要资金及平时的主要运转费用都由公司承担。

专业合作社实际是为公司控制，农民社员在其中其实是没有发言权的，但社员有退出权利，如果合作社对农民没有真正好处，农民社员会选择退出，这也使得公司领办的合作社，也必须在一定程度上考虑社员利益。从浙北5县（市、区）的调查来看，尽管公司在合作社中起实际的控制作用（从大多数合作社章程股本构成比例可看出，公司占的股份在合作社总股份中占绝大部分），但对农民社员提供了许多好处，还是受到农民的欢迎。在现阶段，我国农民专业合作社发展滞后的背景下，对公司领办合作社，政府还是应该对其持鼓励的态度，因为它不仅对农民有利，而且也培养了农民的合作意识。

从这种模式发展趋势看，一种可能的走向是公司向合作社粮食生产经营主体出售股份，逐步变成由合作社社员参股创办的公司，到一定程度合作社的社员控制了公司的股份，这样就可演变为“合作社＋公司＋粮食生产经营主体”这种真正代表合作社社员利益的组织形式。另一种可能的走向是社员离公司越来越远，合作社退变为公司收购农产品的一个门市部和争取上级合作社优惠政策的一个“面具”。

（3）能人依托型。主要是由农村能人（如种粮大户）利用他们的技术或销售渠道，牵头兴办，粮食生产经营主体参与的发展模式。这种发展模式大都是在“能人”效应下成长起来的，在组建和运行过程具有较强的自发性和独立性，但这种发展模式下成长起来的合作社一般运行比较不规范，规模也比较小，组织的实际运作往往由能人一手包办，一些组织甚至连章程也没有，主要依靠能人的个人权威来维系组织与成员之间的关系，而且组织的产权往往比较模糊，能人个人财产与合作组织的公共财产所属不清。这类模式的发展，很大程度上取决于具有“菩萨心肠、商人头脑”的合作社企业家性质的农村能人。从浙北5县（市、区）的调查来看，依托能人建立的粮食合作社也不少，发挥了比较好的作用。

（三）目前粮食合作社发展存在的主要问题

从发展来看，目前粮食合作社发展还处在初期发展阶段，还存在不少问题，主要表现在：

（1）数量少。目前各地粮食合作社数量还很少，粮食生产经营主体参与率也比较低。

（2）不规范。粮食专业合作社是建立在粮农自愿的基础上自发组建的具有独立法人资格和市场经济主体地位的经济组织，必须坚持民办、民管、民受益原则，粮农入社自愿、退出自由，实行民主决策、民主管理、民主监督。目前不少合作社的行政化色彩太浓。

（3）实力弱。目前大部分粮食专业合作社是在政府部门的帮助下建立起来的，缺乏自我发展的能力。

（4）缺人才。合作社的发展需要有一批懂得合作社知识，同时又具备经营管理能力的人才。由于目前农村大部分有文化、有知识和有能力的人已经外出打工或经商，留在农村从事粮食生产的主要是一些年纪大和文化水平低的农民，缺乏合作社人才。

（四）发展现代粮食专业合作社应把握的若干问题

1. 要以粮农为主体，以服务社员为宗旨

粮食专业合作社是农民专业合作社在粮食生产领域的具体表现形式，是在农村家庭承包经营基础上，粮食生产经营者或者同类粮食生产经营服务的提供者、利用者，自愿联合、民主管理的互助性经济组织。粮食专业合作社应当以粮食为主体，以服务社员为宗旨，以市场为导向，坚持入社自愿、退社自由，全体社员地位平等、利益共享、风险共担。

2. 坚持依法设立，完善登记行为

农民专业合作社是独立的市场经济主体，具有法人资格。粮食专业合作社应当依法在当地工商行政管理部门进行登记，按照章程规范内部管理，开展粮食生产经营和服务活动。各地各级农业部门要按照《农民专业合作社法》和《农民专业合作社登记管理条例》规定，指导和帮助粮农及其相关主体完善粮食专业合作社的设立和登记工作。

3. 推进民主管理，维护社员权利

粮食专业合作社以保障社员的民主管理权和盈余分配权为导向，体现社员对合作社的所有权、控制权和受益权，防止权利滥用，维护社员权益，调动社员和理（监）事会成员的积极性。粮食专业合作社要根据《农民专业合作社法》，规范合作社的组织结构和内部管理机构，建立合作社章程，健全“三会”（社员大会及社员代表大会、理事会、监事会）活动，创新表决方式，切实提高民主管理水平和社员参与合作社生产经营服务活动的积极性。要建立健全财务会计制度和财务监督体系，实行财务公开，接受社员监督，防止资产流失和浪费。政府部门在加强指导和支持时，要做到推动而不强迫、扶持而不干预、参与而不包办。

4. 建立保障机制，保护社员利益

粮食专业合作社要正确处理好专业合作社与社员的利益分配关系，把保护社员利益放在首位。粮食专业合作社盈余分配以按交易额返利为主，每年按交易额返利给社员的盈余不得低于当年可分配盈余的60%；同时，适当实行按股分配，激励发起人以及相关社员的积极性。粮食部门要积极探索和创新种粮最低收入保障机制、种粮风险救助机制等机制，为粮食专业合作社的运行提供制度保障。

5. 完善管理制度，提高运行水平

粮食专业合作社要完善合作社章程，建立健全社员出资、决策议事、社员监督、社务财务公开、盈余分配、财务管理、农资管理与供应、生产、质量、技术、营销、商标管理、项目资金使用、培训服务、纠纷调处等一系列规章制度。

6. 注重自我发展，建立长效机制

粮食专业合作社要在保护社员利益的基础上建立和完善合作社积累制

度，逐步增强合作社的自我发展实力。粮食专业合作社可按照章程规定或社员大会决议从当年盈余中适当提取一定比例的公积金，用于以丰补歉，增强抗御风险的能力。

7. 发挥组织功能，规范生产经营

粮食专业合作社要积极推进粮食种植规模化、集约化、标准化，逐步形成统一生产标准、统一农资供应、统一技术指导、统一生产服务的生产经营体系。

三、粮食生产经营主体未来演变与发展态势

从浙北 5 县（市、区）粮食生产经营主体的未来发展演变趋势来看，部分普通粮食生产经营主体和小规模粮食生产经营主体由于缺乏劳动力或由于从事非农产业，将会退出粮食生产；而部分大户则不断通过土地流转提高经营规模成为种粮大户或家庭农场，从而最终成为职业粮农。同时部分传统的小规模经营粮农和专业大户会通过各种不同利益机制的联合，形成类型不同的服务型合作组织（图 8），为各种粮食生产主体提供社会化服务，从而形成统分结合双层经营体制。

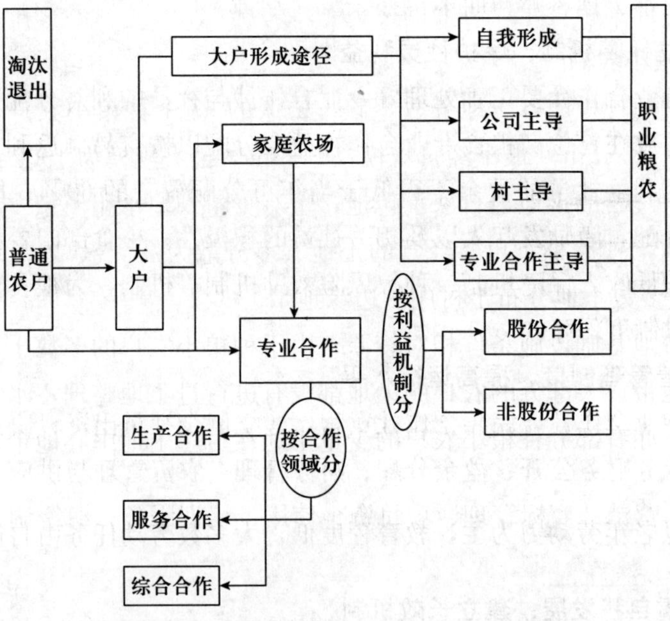

图 8　粮食生产经营主体未来演变与发展态势

专题报告三 浙江南部5县（市、区）粮食生产经营主体调查报告[①]

2012年11月26日至2012年12月7日，浙江师范大学农村研究中心课题组分为五个调研小组先后赴江山市、缙云县、温岭市、平阳县、婺城区等浙江省南部五个县（市、区），以浙江省粮食生产经营主体培育为主题进行了专题调研，在调研的基础上形成了本专题报告。

一、粮食生产经营主体发展现状、态势与问题

（一）发展现状

本次调研共访谈各类粮食生产主体161个，其中种粮小农户67户、种粮大户35户、家庭农场33个、粮食生产合作社21家、公司制农场5家，综合各县（市、区）粮食生产主体的访谈记录和问卷材料，反映出不同类型粮食生产主体在粮食生产方面的以下基本情况：

1. 种粮小农户

——种植规模小，土地分散零碎。访谈的67个种粮小农户，粮食种植面积集中在2～5亩，最小经营规模仅0.8亩，最大规模为19.2亩。大多数种粮小农户经营的土地为自家承包地，也有少量农户承租了亲友或本村村民的少量土地，种粮小农户所经营的土地大多分散为3～5块，每块土地面积1亩左右，多数土地分布于村庄的边缘地带。

——耕地基础设施条件相对较差。由于种粮小农户的多数土地分布于村庄的边缘地带，大部分的农户的土地都没有进行过土地整理，水利设施条件相对较差。亦有部分种粮小农户的少量土地在村庄土地中心地带，但此类总体不多。

——以老年劳动力为主，教育程度低，大多数劳动任务由自己完成，少

① 本分报告由浙江师范大学农村研究中心车裕斌教授撰写，鲁可荣、黄中伟、林燕、葛深渭、金国峰等参加了南部5县（市、区）调研。

量劳动向他人购买服务。农户从事粮食生产的家庭劳动力大多在55岁以上，67个种粮小农户的访谈对象中，年龄大多集中在55～65岁，年龄最大的80岁，年龄最小的30岁。从事粮食生产的种粮小农户中，以初中及以下文化程度为主。种粮小农户家庭的粮食生产劳动主要由自家劳动力的人工劳动完成，为节约生产成本，能够不请他人帮忙的尽量不请人帮忙，一般只在农忙实在忙不过来的时候，个别生产劳动会请村里有机械的大户或合作社帮忙，由于面积小，通常这种帮忙收取的费用较少。

——粮食生产的目的在于自给自足。绝大多数种粮小农户选择从事粮食生产多是迫于生计，由于所受教育不多又缺乏外出谋生的专门技艺，加之经济作物种植需要的投资较大、技术要求高并有一定的风险，从而被迫留在家中从事粮食生产。种粮小农户尤其是年纪相对较轻的劳动力，通常在从事粮食生产的同时，农闲季节均会就近打一定时间的零工以补贴家用。

——收入低，只能维持家庭的基本生活。访谈的67个种粮小农户中家庭经济总收入大多在4万元以下，最低的仅3 000元，最高的为20万元，差别巨大。而且以水稻种植收入为家庭经济收入主要来源的，家庭经济总收入大多在2万元以下。大多数种粮小农户的家庭经济收入中，水稻种植收入占比不足20%，而且家庭经济收入越高，水稻种植收入所占比例越低。大多数种粮小农户依靠粮食种植所得只能维护家庭的口粮需要，家庭的其他开支则需要通过其他途径获得收入。

2. 种粮大户

——种植规模集中在30亩左右，土地较分散。访谈的35个种粮大户中，经营的土地规模大多在20～40亩，最大经营规模为80亩，最小经营规模为20亩，土地大多分散为5～8块，其中一户经营的48亩耕地竟然分散为27块。

——大多数的土地都是从本村其他农户租入。种粮大户均有一定面积的土地来源于租种他人的承包地，访谈的35个种粮大户，共计经营的土地面积1 295.06亩，其中租用的土地面积为1 192.16亩，其经营土地总面积的90%以上来自于租用他人土地，而租种的土地中，来自于本村村民承包地的有909.06亩，仅有4户合计有101.6亩土地从外村租得。

——耕地基础设施条件参差不齐。由于租种的土地主要来自本村村民的承包地且较为分散，不同地块的基础设施条件差异较大，处于粮食生产功能区的耕地经过土地整理措施后条件较好，而位于村庄边角地带的耕地条件较差，实施机械化作业存在较大难度。

——以自有劳动力为主，农忙时临时雇请少量劳动力，部分劳动任务向他人购买服务。粮食生产劳动以家庭自有劳动力为主，一些经营规模较大（50 亩以上）的农户亦有少量长期雇工，但大多数种粮大户均会在农忙季节少量雇工，并有购买大宗田间劳动服务的需求，但规模不同的农户之间此类需求差别较大。

——生产粮食大部分出售。粮食种植收入是种粮大户家庭经济收入的主要来源，因而其生产的粮食中的大部分用于出售获取收益，为增加收入水平，种粮大户大多选择种植双季稻，早稻主要通过政府订单收购，晚稻则主要通过市场自由销售。访谈的 35 个种粮大户中，家庭收入来自于水稻种植收入的比例大多在 50%以上，其中有 11 户的水稻种植收入占家庭经济收入的比例在 90%以上，可见水稻种植收入对于种粮大户而言具有举足轻重的地位。

——选择种植水稻的主要原因是水稻种植风险相对较低，收入较稳定，尤其是近年来政府补贴力度的增大成为增加种植水稻信心的重要根源，受访的种粮大户中绝大多数受到政府补贴政策的鼓励，均表示有扩大种植规模的意愿，但租种土地越来越困难，主要是土地租金越来越高。

——通过粮食生产获得的收入可以保证在当地获得中上收入水平。访谈的 35 个种粮大户中，大多数农户家庭经济收入水平在 4 万元以上，最高的达到 30 万元，但最低的仅 1.3 万元，收入差异较大，这种差异主要与家庭的土地经营规模有关，也与家庭经济收入来源构成有关。但多数受访农户表示，只要保证土地经营规模在 30 亩以上，就基本可以保证其家庭经济收入在本地达到中上等收入水平。

3. 家庭农场

——种植规模差异较大，部分县（市、区）出现种植规模1 000亩以上的家庭农场，土地相对边片集中。访谈的 33 个家庭农场中，家庭经营土地规模最大的 1 998 亩，规模最小的 100 亩，平均经济规模为 300 亩左右。家庭农场的土地经营规模相对于适度规模要大，但其土地的集中度总体上要明显好于种粮大户，尽管也有部分家庭农场经营的土地较为分散。

——耕地基础设施条件一般较为完善。由于家庭农场租种的土地相对集中边片，他们在获得土地之后通常会进行一定的基础设施改造，而且政府的农田基础设施建设也倾向于放在有一定基础的集中连片区域，多轮次的基础设施建设投入使得家庭农场的土地基础设施条件明显好于其他分散的边角地。

——家庭主要劳动力一般较年轻或受教育程度较高，通常都有过外出经商办厂或担任村干部的经历，主要劳动任务由机械代替人工，一般会雇请一定数量的固定用工或临时用工，部分劳动任务向他人购买。受访的 33 个家庭农场主，年龄集中在 45～60 岁，年龄最大的 62 岁，最小的 32 岁，七成以上的农场主有过外出打工或经商办厂、担任村干部的经历，受教育程度也基本在初中以上。各家庭农场均有数量不等的农业机械，个别规模较大的家庭农场的各类农业机械设备相当齐全，保证主要农业劳动完全由机械来替代劳动力。受访的 33 个家庭农场中，有 12 个家庭农场有常年雇工，其中最多的常年雇工人数达到 19 人，最少的 2 人，所有家庭农场均有季节性雇工，其中最多的季节性雇工达 350 人。规模较大的家庭农场，各类劳动服务均通过自有机械设备替代，并对外提供少量服务，而规模较小的家庭农场机械设备种类通常不完备，部分自家没有的机械设备需要向外购买服务。

——生产的粮食主要用于出售。粮食产品主要通过政府合同收购。

——选择进行粮食生产主要是由于近年来政府对粮食生产大户的各种优惠和补贴力量较大，可以保证其较好的收入。

——为增加收入，部分家庭农场会利用部分耕地或季节性利用部分耕地生产经济作物。一些家庭农场甚至创造出了独特的种养结合、粮经结合的种植模式。

——收入水平较高，通常处于当地家庭的上等收入水平，粮食生产收入主要依赖于政府补贴。家庭农场的土地主要来源于租赁，并且需要常年或季节性雇工，相对于种粮小农户其种粮的直接成本相对较高，根据各县（市、区）调研小组测算，家庭农场的粮食种植成本和粮食销售收入基本持平，其粮食种植的主要利润必须依靠政府补贴，可见政府补贴对于稳定粮食生产的重要意义。

4. 粮食生产合作社

——种植规模不均等。受访的21个粮食生产合作社，最大土地经营规模1 285亩，最小土地经营规模100亩。

——耕地基础设施条件相对较好。一般合作社成立后，均会筹措一定额度的资金改造基础设施。

——合作社成员通常以一个行政村内的农户为主。

——合作社负责人通常本身是种粮大户，通常文化程度较高，曾有过外出经商办厂或担任村干部的经历。

——合作社有向生产和服务综合化发展趋势。合作社的粮食生产通常以向社员统一提供生产服务为主要内容，合作社成员分工分业进行粮食专业化的生产分工的粮食生产合作社在调研案例中尚未看到，合作社内部构成通常是一种松散的组织架构，几个大户或发起人以其各自拥有的农业机械或专业技能对合作社内所有成员提供社内价格服务，同时也向合作社之外的其他农户提供市场价格的服务，明确属于合作社的资产不多，各个社员自有或租种的土地种植所得归各个社员。单纯的粮食生产合作社尚未在案例中发现，大多数粮食生产合作社本质上还是属于专业服务性质的合作社。

——合作社除利用社员劳动力分工合作外，通常也雇请一定数量的固定或临时劳动力，主要劳动依靠合作社自有机械，少量劳动服务向社会购买。

——合作社大多依托粮食生产大户建立，普通社员土地规模小，合作社有被大户私人控制的趋势。

——收入水平一般不高，合作社收入主要来源于对外服务和政府相关补贴。

5. 公司制农场

——种植规模大，一般拥有的土地规模在500亩以上。

——土地租用大多依托地方政府或村委会采用反租倒包的方式。

——土地基础设施条件相对完善。

——一般固定用工在5～8人左右，农忙时会请部分季节性用工，主要劳动依靠自有机械，较少向社会购买生产劳动服务。

——租用土地除生产粮食外，通常发展多种经营。

——公司的粮食生产收入通常仅占公司收入较少的一部分，公司的主要收入来自于公司的其他经营活动。

（二）发展态势

2010—2012年期间，浙南5县（市、区）各类粮食生产经营主体发展情况如表1所示。

表1　浙南5县（市、区）水稻种植主体数量及分布情况

单位：个，万亩

年份	种粮小农户		种粮大户		家庭农场		粮食生产合作社		公司制农场	
	户数	播种面积	户数	播种面积	户数	播种面积	家数	播种面积	家数	播种面积
2010	510 320	114.38	6 615	31.80	425	13.02	420	32.41	1	0.27
2011	508 384	113.04	6 174	27.43	477	13.99	449	31.17	0	0
2012	503 989	112.36	6 207	24.75	512	17.07	480	35.54	7	1.59

上表数据反映了近年来各类粮食生产主体发展变化上的以下趋势：

——种粮小农户：数量上趋于下降，粮食播种面积及其占粮食播种总面积的比例也趋于下降，但在各类粮食生产主体中仍然占据主导地位。调研5县（市、区）水稻种植的种粮小农户数量，由2010年的510 320户减少至2012年的503 989户，年均减少3 166户，意味着每年每县（市、区）平均有633户退出粮食生产主体的行业。调研5县（市、区）种粮小农户的水稻播种面积，由2010年的114.38万亩减少至2012年的112.36万亩，年均减少1.01万亩，这部分减少的面积成为其他规模化生产主体流转土地的主要来源。调研5县（市、区）种粮小农户水稻播种面积仍占各类主体水稻播种总面积的近四成，对于稳定粮食总量仍具有不可忽视的作用。

——种粮大户：户数和粮食播种面积均趋于下降，种粮大户当前的发展已经遇到瓶颈。调研5县（市、区）种植水稻的种粮大户数量，由2010年的6 615户减少至2012年的6 207户，年均减少204户，表明种粮大户的发展开始受到约束；2012年略有回升，较2011年增加33户，保证了种粮大户数量的总体稳定。调研5县（市、区）种粮大户的水稻播种面积，由2010年的31.80万亩减少至2012年的24.75万亩，年均减少3.53万亩。

——家庭农场：个数和粮食播种面积均趋于上升，表明家庭农场的发展势头较好。调研5县（市、区）种植水稻的家庭数量，由2010年的425户增加至2012年的512户，年均增加43.5户。调研5县（市、区）家庭农场的水稻播种面积，由2010年的13.02万亩增加至2012年的17.07万亩，年均增加2.03万亩，其中2012年的增长幅度较大，当年增加水稻播种面积4.05万亩，预示着近一年家庭农场水稻播种面积的大幅度增加，发展势头较好。

——粮食生产合作社：正处于快速发展初期，合作社数量迅速增加，粮食播种面积稳中略有增长。调研5县（市、区）粮食生产合作社数量，由2010年的420家增加至2012年的480家，年均增加30家。调研5县（市、区）粮食生产合作社水稻播种面积，由2010年的32.41万亩增加至2012年的35.54万亩，年均增加1.57万亩，其中2011年较2010年减少播种面积1.24万亩，2012年较2011年增加播种面积4.37万亩，说明粮食生产合作社发展初期的不稳定，存在波动状况。

——公司制农场：近年来发展迅速，数量上有所增加。公司制农场是近年来的新型粮食生产经营主体，各农业厅并未做完全统计。2012年，在调查的5家家庭农场中，其水稻播种面积在各类主体中最少，其水稻播种面积及其占各类主体水稻播种总面积的比例增加的绝对量相对于其他生产主体也并不明显，但其增长的幅度和势头相当强劲，表明公司制农场在与其他粮食生产主体的耕地资源争夺中处于明显优势。

（三）发展问题

尽管在各级政府的重视中，各县（市、区）粮食生产取得了较为明显的成效，但通过对各类粮食生产主体的访谈，反映出来的问题也非常多，归纳起来，大致是以下几个方面：

一是劳动力老龄化、文化水平低。

二是粮食的比较效益低。这一问题主要由两个方面导致，一方面是粮食价格偏低，尽管政府的粮食收购价格逐年提高，比如早稻收购价格现在已经提高至1.58元/斤，并且还给予每斤0.3元的政府补贴，但现有价格并未能真正反映粮食的市场供求水平。另一方面则是粮食生产成本的节节攀升，包括农业生产资料、土地租金、劳动力工资、机械设备使用费等的上涨幅度明显高于粮食价格的上涨。较低的比较效益使得粮食生产主体在与其他主体争夺耕地的博弈中处于不利地位，流转土地变得越来越困难。调查数据表明，浙南5县（市、区）水稻种植的平均生产成本1 100元/亩左右，亩产800～

1 000 斤，早稻 5 亩以上的各种政策补贴为 758 元/亩，晚稻 20 亩以上的大户补贴 110 元/亩，即水稻种植户的亩均纯收益为 300 元/亩，种植 100 亩以上的年均可获得 5 万～6 万的纯收益，20 亩左右的只能获得 1 万～2 万的纯收益。

三是土地分散不连片。由于相关制度政策的不完善，一部分土地承包户担心土地流转后会丧失其土地承包权，因而宁愿土地闲置也不愿转出承包地，种粮大户、家庭农场经营的土地集中度均不高，严重影响了生产的机械化进程。

四是土地租约不稳定，制约了土地生产投资。在各类生产主体中，除粮食生产合作社在流转土地时通常会与农户签订正式合同外，种粮小农户、种粮大户、家庭农场在租用农户土地时，大多数都没有签订正式租赁合同，在当前土地租赁价格不断上升的情形下土地租约不稳定是较为普遍的现象，造成了许多大户粮食种植面积大幅度波动，影响了大户对土地投资的热情。

五是发展资金获取困难。尽管在平阳县的调研表明并不存在资金获取困难的问题，但其他 4 个县（市、区）的调研均反映出农业贷款困难的问题。

六是生产配套用地难以解决。这是粮食生产大户反映最为强烈也最为普遍的问题，随着粮食生产大户规模的扩大和农业机械化的推进，放农机、晒谷子、放谷子的场地不足成为现实问题，而农业生产配套用地申请程序复杂、批地困难是所有粮食生产大户的一致意见。

七是合作社管理、运转不规范，缺乏管理人才。专业合作社是国家着力推进的农业经济组织形式，但大多数合作社依托大户或能人设立，缺乏规范的组织机构和合理的运作方式，往往演变成为了大户或个人的合作社，只有合作社的外壳而与私人企业无异。

八是政府的补贴政策欠透明，存在不公平现象。由于当前针对粮食生产的各类政府补贴多达十余种，每一种补贴来源各异，不仅农民要把所有这些补贴弄清楚不容易，就是管这些补贴发放的专门机构的人员要一一说清这些补贴，也需要拿出明白卡。这些繁杂的补贴发放成为政府部门的一项繁重的工作任务，成本极高，为降低成本，不透明的发放方式带来的不公平就会产生。同时也有地方反映政府补贴政策下达时间滞后，影响了补贴政策的效果，如政府的农机补贴政策每年下达一次，但下达的时间往往在春耕开始之后，而农民要购买农机必须在春耕之前。

九是粮食收购政策问题。有种粮大户反映，国家制订粮食生产的政府合同收购政策，目的在于保护农民的种粮积极性，但现在粮食丰收后，由于粮食产量明显高于政府合同收购量，合同收购量之外的粮食没有销售渠道，出现了新的卖粮难问题。

二、粮食生产社会化服务主体发展现状、态势与问题

（一）发展现状与态势

本次调研共访谈粮食生产服务主体 65 个，其中政府服务机构 13 家，村集体 19 个，服务性合作社 17 个，市场服务机构 16 家。

总体上看，近年来粮食生产的各类服务主体有了较快发展，并有向体系化、功能互补性的社会化服务体系推进的趋势，政府的公益服务、村级组织的社区服务、专业合作社的内部服务、市场化服务逐步融合成为了一个有机整体，成为稳定粮食生产、推进粮食生产现代化进程的重要支撑，各类服务主体在提供服务的种类、方式上有了各自相对稳定的方向和分工。

——政府服务：服务体系正在逐步完善，服务组织架构基本完成，服务内容呈综合化趋势。目前以各乡镇农业技术综合服务中心为重点的政府农业服务机构建设基本完成，其主要职能是为粮食生产主体提供各类技术服务，包括：①粮油生产服务：指导全镇粮油生产，包括植保（病虫害、预报、防治）、良种推广、农业新技术推广（示范户基本固定，有时根据需要调整，新品种试种，是适应性试验；新技术试验也是农户试验，从播种到收割整个生产期提供技术支持）、粮食生产功能区的水路、机耕路等基础设施建设实施规划总结、指导各个村技术指导小组。②农业经济管理：村财镇管、农业统计年报、农民负担监测、合作社管理。③特产（茶叶、蔬菜、水果）服务：专项负责茶叶、蔬菜的生产服务，方式与粮油的职能差不多。④农业机械管理：拖拉机等农机年检、交通安全、农机购机补贴。

——村集体社区服务：以村民委员会为依托，主要提供农田水利设施、标准化农田改造和机耕路的维护。但由于受到村集体经济收入水平的影响，其服务的质量水平和提供服务的实际内容存在较大的差异。

——服务性专业合作社：近年来发展势头良好，各类合作社增长速度

较快，大多名义上的服务性专业合作社本身也是粮食生产合作社，集生产与服务功能于一体。服务内容主要是农机服务、植保服务，其中农机服务的内容包括产前的机耕、育秧服务，产中的病虫害防治、收割、烘干服务，产后的生产技术培训、信息交流、传达政策法规信息服务等。植保服务的主要内容是提供病虫害统防统治。服务性专业合作社除为合作社成员提供农机和植保服务外，偶尔也为其他农户提供服务。服务对象包括种粮小农户、种粮大户及少数粮食生产合作社。但是服务覆盖面较小，大部分只局限于本乡镇。

——市场化服务组织：从调研的情况看，目前并无专门的市场化粮食生产服务组织，大多市场化服务组织既为粮食生产服务，也为其他农业生产服务，在基本形态上可以基本分两种类型：私人经营的农资商店、和政府有密切联系的农资公司，其主要服务内容是供应农用物资（包括化肥、农药、农膜等）。无论是私人经营的农资商店还是和政府有密切联系的农资公司，其农资服务的供给均有综合化发展趋势，即这些市场化服务组织在提供农资供应的同时，均不同程度地利用其专业技术优势为粮食生产主体提供病虫害诊治和农资使用方面的技术指导。

（二）当前发展存在的主要问题

——总体上：各类服务主体不足，服务供给存在较多缺口。一方面表现为不同服务主体的职能分工不明确，各自的职责界线不清晰，有利益的服务大家都争，没有利益或利益较低的服务没有人愿意提供；另一方面重点表现为技术和信息服务供给存在较多的缺口，调研中大多数受访者对粮食生产的技术知识和职业技能培训都有需求，但得到的满足度不高。

——政府服务：体系涣散，服务人员严重不足，被动服务为主。多年以来，在人民公社时期建立起来的以乡镇“七站八所”为核心的相对完善的农村综合服务体系逐步瓦解，而当前以乡镇农业技术综合服务中心为依托的政府农业生产服务体系当前处于建设完善时期，大多数县市这一体系的架构已经形成，个别县市则刚刚着手建设。与这一体系建设处于初期相关，各乡镇农业技术综合服务中心服务人员，尤其是专业技术服务人员严重缺乏是较为普遍的现象，通常一个乡镇农业技术综合服务中心在编在岗的工作人员仅5～8人，其要面对全乡镇千家万户农户的农业技术需求，能够满足本乡镇农户的上门需求已属不易，无从谈起主动服务。

——村集体社区服务：缺乏明确的粮食生产服务职能内涵，各村集体因收入差异而提供服务的类别和方式差异较大。在目前浙江省大多数村集体主要干部均外出经商办厂的情况下，一些主要干部对于粮食生产需求些什么服务自己也不清楚，其粮食生产服务以完成上级交待的任务为主，对农户的服务需求以找上门来的被动服务为主。

——服务性专业合作组织：服务内容与服务方式缺乏规范。服务性专业合作组织不仅是粮食生产各类服务的主体和政府服务的重要依托，也是普通中小农户最信赖的服务供给主体，但如前所述，由于服务性合作社的生产与服务职能合一化趋势，合作社内部存在的大户和私人控制的倾向，其对外服务存在不确定性，以满足自己的生产需求为前提。同时其服务内容与政府服务之间的关系不明确，由于大多数服务性专业合作组织或多或少地得到了各种类型的政府补贴，需要得到政府的支持才能正常发展，导致一些地方把本该由政府提供的服务内容无偿地强加在合作社身上。

——市场化服务组织：数量众多构成复杂，其服务供给正在向专业化和综合化的趋势推进，但由于农资价格不稳定，农资批发承受较大风险，加之农资市场竞争越来越激烈，盈利空间有限。导致一些地方出现了以次充好、坑农、哄抬物价等事件，如何规范和管理其行为成为当务之急。

三、粮食生产功能区建设现状与问题

（一）粮食生产功能区建设当前现状

浙江省粮食生产功能区自 2010 年开始建设，计划至 2018 年结束。自 2010 年开始建设粮食生产功能区以来，各县（市、区）政府均高度重视粮食生产功能区的建设工作，纷纷成立由县政府主要领导牵头的粮食生产功能区建设领导小组，先后制订了粮食生产功能区建设规划，出台了一系列鼓励和支持粮食生产功能区建设的地方政策文件，通过三年时间的建设推进，目前已建成一批基础设施完备的粮食生产功能区，对促进各地农田综合生产能力进一步提高，提升粮食综合生产能力，稳定粮食生产形势起到了重要的作用。浙南五县（市、区）粮食生产功能区建设的总体情况如表 2 所示。

表2　浙南五县（市、区）近三年粮食生产功能区情况

年度	2010	2011	2012
数量（个）	70	136	170
粮食播种面积（万亩）	10.188 1	22.032 8	28.043 3
粮食总产量（吨）	44 830.44	112 086.02	130 244.7

（二）粮食生产功能区建设中存在的主要问题

本次调研共实地考察粮食生产功能区 7 个。根据各调研小组的访谈记录，浙南五县（市、区）粮食生产功能区建设中存在的主要问题包括：

一是建设上的“上热下冷”。县级以上政府对粮食生产功能区的建设高度重视，投入了大量的人力、物力和财力支持粮食生产功能区建设，但由于设立功能区后土地的转用受到严格约束，同时功能区建设投资通常要求乡镇财政给予一定的资金配套，乡镇政府基于政绩考核和本地财政投入能力的考虑，对粮食生产功能区的建设并不热心。农户因为对功能区建设后带来的土地基础设施条件改善有目共睹，因而对功能区建设是支持的，但由于他们对粮食生产功能区的内涵认识不清，对于功能区如何设立、设立在何处没有发言权，因而对于功能区建设并不关心。

二是建设资金投入不稳定，波动较大。粮食生产功能区的建设投入中，除省级政府投入相对稳定外，各县乡政府的投入受财政支付能力的影响大多不稳定，许多地方的资金投入主要依赖于农田水利设施示范建设的资金投入。粮食生产功能区的投资主体涉及多部门，很难具有效率，既存在重复投入的问题，也存在投入资金难以落实的问题。

三是功能区存在非粮化的苗头。随着功能区建设投资的完成，功能区的基础设施改善后，带来了一个新情况，农民不再种粮，开始改种其他经济作物，如西瓜、大棚蔬菜、苗木等。

四是服务体系不完善。粮食生产功能区建设重点在基地设施的建设和投入，对粮食生产功能区内的服务体系建设各地在有意识地做一些工作，但总体上对服务功能配套缺乏长远目标与规划，功能区内服务体系基本上均不完善。

五是缺乏协调多方利益的统一管理机制。功能区从工作开展和组织实施没有一个完善的管理机构，虽然在各县级政府均设立了一个领导小组，但是具体的工作还是由各乡镇农经站在做，但人员编制未增加，许多工作难以开展。

六是功能区建设起来的基础设施维护困难。由于缺乏统一成熟的功能区基础设施管护机制，功能区基础设施的权利属性和管理权限不明确，管护资金来源不足，功能区土地权属多样，导致基础设施建成后的管护困难。同时由于功能区不是单一种植水稻，水渠破坏较多，比如有农民种葡萄，葡萄架子弄起来，由于旱作和水作是不一样的，就把渠道全部都破坏了。

第三部分　案例报告

案例一　从传统农民到职业农民的转变
——王志康

在浙江嘉善，20 世纪 90 年代初，一批有志青年投身农业生产发展，他们从种田到“包田”，从农产品自产自销到规模化经营，逐步演变形成了新型职业农民的雏形。就是这样一批新型农民，用自己的辛勤劳动、创新思维和大无畏精神带动了身边一群又一群的农民投身粮食生产事业，转变粮食生产方式。而在他们中间，有一位最典型的代表——西塘镇星建村党支部书记王志康。

粮食生产的“老行家”

西塘镇星建村位于镇西北面，拥有常住人口 1 900 余人，耕地面积约 3 000亩。地势低，不适宜种植旱地作物，在这里，极目望去，田间只有大片的水稻，是该县典型的“纯水稻”专业种植村，每年全村依靠种植水稻获得效益约为 450 万元。而这一切，得益于一个人——该村党支部书记兼嘉善县农星植保专业合作社社长王志康。

王志康从初中毕业后，就开始了与黑土地打交道的日子，17 岁起就担任村里生产队的植保员。1983 年，土地联产承包到户，年仅 18 岁的王志康挑起了家里 12 亩承包田的担子。除了种植水稻外，他又另辟蹊径额外开辟了几亩地，开始尝试栽培番茄、西瓜、食用菌等，这在当时以种植水稻为主的农民看来，是件新鲜又辛苦的事儿，但王志康却干劲十足，乐在其中。

自感文化程度不够的王志康，常常去镇农技站与县农经局请教，通过查看书籍、参加培训班、向专家请教，不断充实自己、提高自己。那时，遇到种植上的难题，他会去买各种农技指导手册，一本就要花去好几角钱，相当于自己两三天的饭钱。但他省吃俭用，在短短几年间，便购买阅读了100多册专业书籍。而经常向农技站工作人员请教的经历，也为他带来了人生中的第一次机遇：被农技站聘用，实现了从一名青年农民到一名农技人员的变身。

1993年，王志康到岗后做的第一件事就是与当时的嘉兴农科所联系，创办了水稻良种繁育场。2000年，王志康引进试种了“嘉花1号”水稻，实现了平均亩产600千克以上的目标，使得每亩地多出200元的收益。而当时，村民和种粮大户普遍种植的是“丙9117”水稻，平均亩产仅约500千克。王志康认为，自己成立水稻良种繁育场的目的就是要推广水稻良种，而此次试种的成功，也为他向本县及周边地区农户推广水稻新品种提供了成功的范本。因此，王志康组织村民和种粮大户到自己的试验田参观，实现良种推广率达到100%，向农户推广了一个个高产、优质的水稻新品种。

2008年度，王志康申报了250亩国家级晚粳稻良种繁育基地，是目前嘉兴市水稻良种繁育的重要基地，每年繁育一两个新品种，至少繁育水稻良种10万千克。在王志康看来，繁育良种比自己的收入重要得多，基地每年10万千克良种，至少可以使3万亩水稻增产75万千克。

先后创办水稻良种繁育场，参与嘉善“万亩亿元”工程攻关协作、“稻麦吨粮”、“双百工程”试验项目，使得王志康看到了水稻规模化生产的前景。而几十年的田间摸索，也使他掌握了一套以水稻直播、抛秧、宽行窄株和“双百工程”的推广技术。这些都进一步坚定了他发展水稻产业化生产的信心。

合作社经营的“管理者”

2002年，中央对农业实行大刀阔斧的减负，取消“三提五统”，2006年，又进一步取消农业税。受新政鼓舞，王志康决定带领农户发展规模农业。

说干就干，王志康开始四处奔走、游说，做村民的思想工作，鼓励他们将抛荒的土地重新开垦，种植水稻。就这样，在王志康的带动下，越来越多的村民和种粮大户恢复了信心，一片片曾经荒废的农田重新焕发了生机。2008 年，王志康牵头成立了嘉善县农星植保专业合作社，星建村和周围的许多种粮大户、农民纷纷要求加入他的合作社。目前，合作社共有 50 户成员，近 3 000 亩耕地。

说起合作社，王志康说，它的作用不仅仅是植保，更多的是他和农户们抱团发展的“大本营”。每年，合作社都会开展良种繁育、新品种引进、机械插秧，负责全村 2 600 亩水稻的统防统治，效益明显，每亩可节省成本约 50 元，并增加近 20%的产量，再算上各级给合作社的补贴，进入合作社的每亩土地平均可以降低成本近 100 元。“一下一上”间，农户们的效益倍增。此外，社员们还通过合作社，将水稻产品统一包装、销售，提升了附加值。通过种植优质品种，增施有机肥，开展生物防治等，王志康将传统的水稻生产带上精品化发展的道路。2009 年，合作社被评为嘉兴市标准化专业合作社。

目前，星建村 2 800 亩土地中，已经有 1 000 多亩流转了出来，村里通过统一发包流转，使大部分田块逐渐集中到种粮大户手中。但由于流转出来的田块面积小、不集中，不利于机械化规模耕作，而且随着种粮效益的提升，转让金也逐年上升。王志康希望，通过“两新”工程的开展，能够解决这样的矛盾。王志康认为：“农业生产必须要规模化集约经营，土地要统一发包、统一流转，这样才能更好地实现机械化现代化生产；要鼓励使用有机肥，提高土壤有机质含量已经是农业生产的当务之急。”

星建村建设的“当家人”

王志康的身份是种粮大户、合作社社长，同时他还有另一重要身份——星建村党支部书记。2000 年 5 月，王志康被选进星建村支委班子，先后担任支委委员、副书记，其间主要分管该村农业工作，跑田头，进农家，充分发挥自己的专业特长。由于工作出色，得到群众的认可。2005 年，他荣任村党支部书记，完成了人生的第二次变身。

在王志康的办公室墙上挂着“执政为民”的牌匾，这不仅是他的自我要求，同时也是村民对他工作的认可。多年来，他总把清正廉洁看成自己的一面镜子，时常提醒自己。为了管好村里这个“家”，多年来，他带领村民不断完善制定了财务收支管理、干部勤政廉政、集体工程建设管理、村务公开等多项制度。

任职期间，他更加以农民的切身利益为先，在原来的村集体存量资产上，每年加大盘活村级经济的增长，不断招商引资、扩租，使村集体资金从2005年的27万元一路跃升至目前的百万元。村集体资金充裕后，村里的路、桥等基础设施建设也同步得到了加强，2005年至今，星建村新修筑了道路14公里，到2010年，星建村20户以上的自然村通往率达到了100%。此外，村里还建设了由社区超市、社区医疗门诊、文体活动场所、便民服务室组成的“四位一体”服务区，村民购物方便放心了，就医及时安心了，办事也容易便捷了。

2010年全国劳动模范和先进工作者表彰大会在人民大会堂隆重举行，王志康当选“全国劳动模范”。说起此次的当选，王志康百感交集，今天成绩的取得都得益于两位全国劳模师傅的培养。在水稻良种繁育技术上，王志康得到了嘉兴农科院水稻育种专家姚海根的悉心指导；而在村务管理方面，他又得到了全国劳模、原厍浜村党总支书记蒋富根的帮带。

目前，嘉善县共有水稻26万余亩，其中一部分是粮食功能区和高产示范基地。而星建村作为一个纯水稻专业种植村，既拥有省级粮食功能区，又是农业部指定的一个高产示范基地。作为村支部书记，对于星建村未来的发展，王志康满怀信心：“我们农民乐干‘兴农’事业，但是一定要走发展现代农业的途径，企业需要转型升级，农业也需要转型升级。让更多的农民感受到科技农业带来的利润，让更多的村民跨进致富行列。”

案例二　一个家庭农场主的现代化之旅
——许跃进

许跃进，一位黑黑瘦瘦的浙江农民，与许多面朝黄土背朝天，日出而作，日落而息的普通农民并无任何不同，谁曾想，正是这么一位普通的农村汉子，却靠种植水稻创下了吉尼斯纪录，成为了宁波的种粮“状元”——2012年，许跃进的高产创建百亩方里，单季晚稻创下了最高亩产1 014.3千克的新纪录，百亩方平均亩产达到963.65千克，创中国超级稻平均亩产新纪录。他还一举创造了浙江省小麦单产和单季稻攻关田亩产量、百亩示范方平均亩产、连作晚稻攻关田亩产和稻麦两季粮食亩产等6项农业吉尼斯纪录。许跃进连续15年坚持精耕细作，执着追求粮食高产，被村民称为“农业吉尼斯‘狂人’”。同年，许跃进入选“金牛奖”提名候选人，成为20名“金牛奖”提名候选人之一。

精耕细作“跃进”农业吉尼斯

许跃进种田出身，后来经营起了农资。1998年春，许跃进以每亩250元价格承包了章水镇崔岙村360亩农田，从此一头扎进稻田里。为交租金，许跃进拿出了全部积蓄，又借了几万元债。为了全力支持老许的种粮事业，妻子放弃了在企业的工作，回村接过农资店，揽过全部家务。此后，许跃进每天早出晚归，从育苗、插秧到施肥、除虫、收割，全程都要亲手管理，农忙时节更是忙得不亦乐乎。勤劳终有收获。那一年，许跃进种植的360亩单季晚稻平均亩产达到了600多千克，比周边农户普遍高出100千克。

不满足现状的许跃进承包了更多的土地，经营规模逐步扩大到近千亩，并把竞争的目光瞄准了农业吉尼斯纪录。他自己定了目标：“谁种粮的产量高，谁就是我赶超的目标。”

2008年，许跃进终于刷新了单季晚稻单产和百亩示范方亩产等2项浙江农业吉尼斯纪录。2009年和2010年，老许两次与吉尼斯失之交臂。他没有怨天尤人，而是仔细向成功者学习。听说镇海、宁海等地有人种粮产量也很高，他就与几个种粮大户一道，包了大巴偷偷地跑去“取经”。功夫不负有心人，2012年，许跃进的高产创建百亩方里，单季晚稻创下了最高亩产1 014.3千克的惊人纪录，百亩方平均亩产达到963.65千克，创中国超级稻平均亩产新纪录，再一次实现了自己的“吉尼斯”梦。

互助共赢勇担社会发展责任

2008年，许跃进一人出资，牵头成立了鄞州区洞桥南瑞粮机专业合作社，发挥自己的技术优势，带动周边农户搞规模经营，共同种粮致富。在许跃进带领下，越来越多的农户加入了农机合作社，眼下社员已超过50户，规模经营土地面积超过了5 000亩，社员们的种粮水平也大幅提高，收益越来越丰厚。更为可喜的是，在许跃进的合作社里，出现了年轻人的身影：一个是宜斐村38岁的吕立平。三年前，吕立平从种西瓜改为种粮，两年前入社，种粮面积从最初的70亩扩大到现在的410亩，已成为一个名副其实的规模农场主；另一个是村民潘国方的儿子，小伙子只有25岁，从农广校毕业迄今也只不过三年的时间。毕业后，就一直跟着老父亲种粮，现在已经有了一定的种粮经验，正准备接班了。

除了开设合作社，许跃进做的另一件“傻事”也让村民感怀了许久。2011年，晚稻大丰收，导致市场粮价走低，经销商们不来收粮，农户们只得争着向政府出售订单粮。许跃进考虑再三，决定把自己的订单粮指标转让给其他农户，让他们先售粮。没料到的是，这一耽搁，自己辛苦收获的20多万千克晚稻彻底滞销。村民们说：“这已不是他第一次干这样的傻事了。”几乎每年秋收时，许跃进总要与别人“对着干”：如果市场粮价高，他就先售订单粮，帮政府完成收购指标，让其他农户的粮走市场；如果市场粮价低，他就会让其他农户先卖订单粮，确保他们的粮食销路。

老许说，如今他最大的心愿，一是力争再创粮食高产新纪录，二是培养更多的“种粮新秀”，带动更多农户“种”出多姿多彩的幸福人生。

农银合作共谱粮食生产大计

每年春耕秋收时节，许跃进都会给鄞州银行的客户经理打去电话，一来为了咨询贷款事宜，二来也将生产上的好消息与银行工作人员共同分享。2013 年 7 月，他的小麦高产攻关田最高亩产达到 538 千克，百亩方平均亩产 520 千克，创下小麦攻关田和百亩单产省吉尼斯纪录。上个月，他的“甬优 12”高产单季晚稻还在浙江省农博会上亮相展览，这些好消息，他都是第一时间与鄞州银行一同分享。之所以这么做，主要得益于鄞州银行十年如一日的风雨支持，现在，他成了远近闻名的种粮高手，这其中也有鄞州银行的一份功劳。

许跃进开展粮食规模种植已有 10 多个年头，最多的时候种粮面积达到 1 200 亩。早在 20 世纪 90 年代末，他就开始了与鄞州银行的合作。那时候种植面积才 360 亩，但每到春耕、双夏时节，要集中采购农资，支付工人工资，手头上没个 10 来万流动资金，还真是周转不开。第一次他从鄞州银行贷款 5 万元，用的是房产抵押。

手里有了钱，干活信心足。之后的几年里，许跃进的粮食产量年年见长，他的种粮规模也年年扩大，到了 2009 年，达到 1 200 亩的顶峰规模。这时候，需要的流动资金更大了，他又通过家人房产抵押，从鄞州银行获得贷款 25 万元。一年后，鄞州银行推出支农宝业务，客户经理第一时间帮他上门办理。

许跃进说，他一年要跑上好几趟鄞州银行，资金上遇到困难，他总是第一时间想到鄞州银行。如今，农业生产实现现代化，对资金的需求量也更大了，按他现在的种植规模，手上要是有 500 万流动资金，他的产业还能干得更大。“今年 890 亩承包田，租金三年一付，上半年光是这笔费用就要 200 多万。”许跃进给我们算了一笔账，每个月的工人工资起码得 4 万元，春耕、双夏季节购买农资，千亩农田，动辄就是上百万元。虽然鄞州银行现在提供给他的贷款额度相比实际需求还相差很远，但是鄞州银行贵在服务及时，一叫便应，使得双方的合作一直都很融洽。“一笔贷款，手续齐全，三天到账，耽误不了生产，鄞州银行真是阿拉叫得应的账房先生。”在金灿灿的稻田前，许跃进带着鄞州银行客户经理参观抢收景象，一一描绘着来年的生产大计。

科技助力创新水稻种植模式

许跃进的农资仓库像一个农机具展示中心：拖拉机、插秧机、治虫泵、收割机、烘干机等一应俱全。大家戏称他是个“科技狂”，镇里有了新农机，基本上都是他第一个引进的。

许跃进不仅喜欢新技术，还善于动脑筋，活学活用并陆续承担起各级农技部门委托的科技试验任务。他的承包田变成了试验田：水稻强化栽培技术、超级稻集成技术、水稻精确定量栽培技术、新品种对比试验、测土配方施肥试验等，2006年以来，年均试验项目数达7个。许跃进不仅愿意接受新技术，更能在实践中摸索总结，进行创造性发挥，进一步结合理论知识，自创一套“看苗施肥”法：通过观察水稻早、中、晚颜色变化，控制氮磷钾肥用量……而今，许跃进已堪称“半个”农技专家，还经常给种植户们“上课”，相互交流种粮经验。

几年前，区农技部门推广“麦稻轮作”新技术，当时，许多农民担心没收益，不敢轻易尝试。这个时候，从未种过小麦的许跃进站出来，第一个“尝鲜”，并拿出200亩试种。结果，当年小麦亩产超过300千克，不仅产生收益，还间接提高了晚稻产量。如今，许跃进的小麦亩产已超过500千克。在许跃进的带动下，周边不少农户也开始种植小麦，全区麦稻轮作面积已近2万亩。

“麦稻轮作”的有益尝试，让许跃进尝到了“科学种粮”的甜头，更激发了他对农业科技的渴望。他一改过去遵循老经验的传统，主动请教农技专家，积极参与农技授课活动。

2013年春天备耕时，许跃进又有了新动作——种马铃薯。走上田埂，许跃进的50余亩农田已翻耕一新，上面覆盖了一层厚厚的稻草，稻草下面是新种的已开始发芽的马铃薯块。“马铃薯和水稻轮作，是我今年从区农技站学到的新农技。”正在田里忙碌的许跃进兴奋地介绍起来，种马铃薯不仅能增加经济收入，提升土壤肥力。更关键的是，马铃薯6月即能上市，晚稻种植时间更加宽裕，为晚稻高产创造了条件。

2013年，许跃进准备继续冲刺粮食高产纪录，可高产的背后，许跃进也道出了自己的隐忧——人工和管理成本的巨大支出。他算过一笔账，2012年他的百亩方晚稻平均亩产达963.65千克，可实际收入却与晚稻亩产800千克基本相同。而以后增收的关键，许跃进将希望放在科技知识上，以寻求亩产效益最大化的种植新模式。

政策扶持成就新型农民转型

许跃进之所以能成就一番事业，成为千万新型农民当中的一分子，除了他自己的聪明才智和勤勉，他总是一再强调："没有政府政策措施的支撑，就没有打破吉尼斯纪录的许跃进！"

作为现代农业的样本之一，许跃进的标志性在于：一是土地的规模化经营，二是科技成果的集中运用，三是土地单位面积产量和农民收益的大幅度提高。试想：如果没有鼓励土地流转等土地使用制度的创新，何来土地规模经营？如果没有现代种业的创新、科技推广工程、基层农业公共服务体系，何来科技成果集中运用和土地单产的大幅度提高？如果没有各级政府直接补贴、停征农业税、提供政策性保险，何来农民收益大幅度提高？

这些政策措施是浙江"创业富民、创新强省"总战略的产物，也是发达地区率先实现现代化的必备条件，更是鼓励和支持浙江农民建设现代农业的坚强保障。现在，我们不能说浙江农民已然建成了现代农业，但我们已经看到了目标，并朝着目标在前进！

案例三　生态循环种养模式的探索者
——陈建军

42岁的陈建军是金华市婺城区蒋堂镇黄碧垄村人，自2004年开始规模种粮以来，每年种植的早中稻面积都在1 000亩以上，2007年承包土地1 260亩，种植早稻500亩，单季稻700亩。2008年，在金华市水稻高产竞赛中，陈建军勇夺了单户种植面积最大、产量最高、售价最优的三个第一。在他眼里，依托政府出台接连不断的惠农政策，种粮产业依然大有作为。而他的成功之处，除了种粮大户的身份，更在于他的另辟蹊径，与众不同，依靠不断摸索走出了一条别开生面的生态循环种养模式之路。

"粮食种得好，照样能赚钱"

说起陈建军，大家脑海中马上就浮现出一个承包农场近1 500亩，一年的粮食产量有40多万千克的"全国种粮大户"形象。陈建军一直秉持这样的理念，只要粮食种得好，农民照样能赚钱。

2008年初，国家给种粮农民又增加补贴的支农信号，让陈建军放开了手脚种粮，单季稻种植面积从2007年的200多亩，一下增加到550亩，让他夺得了全市水稻种植面积第一；从农技培训中，他学到了种粮的真本领，在全市水稻高产竞赛中勇夺了第一；通过镇政府牵线搭桥，陈建军与"勿忘农"种业有限公司签订了稻谷直销订单，优质稻谷卖了好价钱，价格每百千克232元，比一般稻谷高出13元，又赢得了一个全市第一。

面对"连中三元"的好消息，陈建军告诉全省同行，依托政府出台接连不断的惠农政策，种粮依然大有希望。在他家堂前墙上，并列挂着《购买农药、化肥等支出》、《机耕、治虫、收割管理支出》、《售粮收入》三本账簿。村会计与陈建军一道，翻着账本算细账，仔细算算每亩还盈利320元。

蒋堂镇针对各时节农民的需求，连续举办的育秧技术、高产栽培技术等培训班，消除了种粮农民心中的疙瘩。在惠农政策的扶持下，当地强化了镇辖区内的顺合农机服务专业合作社、金日丰直播专业合作社的机耕、机种、机收的服务功能，使90%的水稻田实现了机械化。在其中，陈建军也深受其惠，在他看来，种粮是一个前景产业，而现代农业的转型升级，也需要各方的不断努力，这其中，就包括他们这一群新型种粮主体的成长壮大。

“生态循环种养系统是未来农业发展的必然趋势”

走进蒋堂镇黄碧垅村，就看见一方院子，四周两米左右高的砖墙砌起，推开院门，成片的受惊鸡群就扑扇而起，这个有上万只鸡群规模的养鸡场就是陈建军的“领地”，在另一个山头，陈建军还有一片260多亩的蔬菜基地。2012年以来，陈建军种植的260亩西兰花，已创造产值120多万元，实现净利润30多万元。

说起生态循环模式的诞生，最初更多的是出于节省成本的考虑。大规模的粮食种植在黄土丘陵土地时，经常面临着土壤营养不均衡的问题，陈建军在没有养鸡之前，为了给田地施肥，改良土壤的有机质含量，需要四处奔走从外面买回鸭粪来，4吨一车，一车就要300元。为了省下这笔鸭粪钱，陈建军就琢磨起了养鸡生意，结果不但省下来施肥的钱，还产生了一笔不小的额外收益。

2013年，是陈建军养鸡的第五个年头，从3 000只起步，现在已经发展到上万只规模，光蛋鸡就有7 000多只，不但田地施肥有了着落，销售鸡蛋、肉鸡还产生了不错的经济效益。现在陈建军还高薪聘请了专业养鸡技术人员，集中养鸡场的鸡舍密闭式管理，采用四列三层阶梯式笼养，锅炉集中供暖，自动喂料、通风、光照、清粪等系统，进行规模化养殖。吃着自己种出来的放心稻谷，陈建军显得特别自信。

鸡的养殖规模大了，就面临着饲料不足的问题。早在1994年，陈建军为了实现水稻生产的节本增收、高产稳定，摸索出了一套“蔬菜—早稻—西兰花”等轮作模式，在提高了粮食复种指数、提高土地利用度的同时，也产生了大规模的蔬菜“下脚料”，即菜田里冻坏的菜、损坏的菜叶子以及农田里的稻秆等一些农作物。陈建军一拍脑门，这些“下脚料”不正是鸡群最爱的“大餐”嘛！至此，“蔬菜—鸡—水稻”，一个立体完整又高效益的生态循环种养系统就顺利流动起来了。

通过自身试验成功，陈建军将这个新模式主动推荐给村民，通过手把手地教，让村民知道什么季节该种什么蔬菜，隔多少时间清理一次鸡粪，并邀请市农科所的专家前来讲课。通过基地带动，龙头引导，全镇在黄碧垄等村发展了西兰花 1 000 多亩，实现了共同致富。

陈建军说：“生态循环种养系统是未来农业发展的必然趋势，如果条件允许，我还想再通过多种一些不同品种的蔬菜，再建个养牛场，实现稻田养鱼等方法，将这种规模进行横向、纵向双向扩充。”

“应对天灾，还需提高农业保险赔付额”

身为蒋堂建富粮食专业合作社理事长的陈建军，掐指算来已有 20 多年的种粮史，2013 年，他准备种植早稻 520 亩，现在正忙着改良土壤。对于他来说，最大的烦恼是农业保险的起赔点还太高，标准却太低了。“农业还是靠天吃饭的，碰上天灾，一年的辛苦就白费了。”陈建军一直这样认为。

浙江省自 2005 年开始农业保险试点，保险赔付标准一直未曾调整，赔付率为 30%，每亩赔付 200 元或 400 元（保险金有两种：一种是 10 元/亩，对应的赔付标准为 200 元/亩；另一种是 20 元/亩，对应的赔付标准为 400 元/亩，早晚稻相同），但在目前农资、人工都在涨价的前提下，赔款根本弥补不了损失。在保险金缴纳方面，政府出资 93%，农户出资 7%。对于保险赔付额这一难题，陈建军也有自己的看法，在希望提高赔付标准（期望赔付率 70%～80%）的同时，他建议保险工作小组应该设在乡镇，提高工作效率。

在村子里，常常会看到一些农户由于天灾，一年的努力付诸东流，田里的水稻颗粒无收，陈建军看在眼里，急在心里。他一再强调，唯有实施农业保险制度改革，才是应对天灾之良药，他也希望能够通过自己的声音，为身边的农户、为提高种粮收益贡献一份力量。在我们开展的“新型粮食生产经营主体培育”课题调研访谈过程中，陈建军一直强调“如何提高农业保险赔付额”这一问题。2013 年 3 月份，在浙江省农业厅厅长史济锡的来访座谈中，陈建军又一次强调了这个问题。可喜的是，省里相关部门已经注意到农业保险问题，在政策方面予以倾斜，2013 年，浙江省将开始提高水稻政策性保险的赔付额。陈建军也相信，在惠农政策的不断扶持下，粮食种植的前景将更加美好！

案例四　粮食生产领域的青年创业者
——蔡斌斌

蔡斌斌，温岭市泽国镇西岸村村民，男，24 周岁，高中文化水平。高中毕业后，蔡斌斌曾自主创业，在村里办过小厂，但由于企业规模小，管理和技术条件不足，导致收益不理想。于是，在 2005 年前后，他关闭企业，决心投身水稻生产事业，水稻种植面积逐年增加，从最初的几亩水田到 2011 年的 20 多亩，目前水稻种植规模达到了 80 多亩，成为了一个地地道道的种粮大户。

蔡斌斌进入水稻生产领域，与其他人的路径不同，是从提供生产机械服务开始的。他先后购买了 5 台收割机及部分小型农机具，起初主要是想通过机械服务获取收益。2007 年 11 月，他入股温岭市绿久农机作业合作社，那时合作社总共有 13 名成员，除各自从事水稻种植外，以自有剩余机械为周边地区的种粮农户提供机械技术服务。在当时，单纯依靠机械服务获取收益存在一定的经营风险，于是大家在提供机械服务的同时，多利用自有机械从事粮食生产，这在一定程度上可降低经营风险，同时降低粮食生产成本，给种粮收益打上双保险。

基于这方面的考量，蔡斌斌着手租种土地开始自己种植水稻。2012 年，他的水稻种植面积已达到 80 多亩，其中，从本村村民处流转了 30 多亩，其余 50 亩则从外村租种。流转过来的土地都需要蔡斌斌一户一户地直接找农户谈，累人不说，土地大多规模太小，也太分散。这当中，合作社发挥了关键作用，合作社的李社长亲自出面，帮忙流转了相对连片的土地，解决了一直困扰他心里的大难题。现有的 80 亩土地虽然分散成 10 块左右，但好在这分散的 10 块土地基本上是和合作社其他社员的土地相连的，对于合作社而言还是相对成片的。尝到了入股合作社的甜头，蔡斌斌于 2011 年 8 月继续入股温岭市夏冬粮食专业合作社，合作社共有 5 位成员，社员各负盈亏。

为了提高水稻种植的效益，提升生产竞争力，蔡斌斌选择走合作化和机械化之路。先后加入温岭市绿久农机作业合作社、温岭市夏冬粮食专业合作社是他走合作化之路的典型体现，而在如何走机械化道路方面，蔡斌斌思索了良久。机器已经有了，已有的土地是否适合走机械化之路成了最关键的问题。因此，蔡斌斌有意识的选择在泽国镇东部片粮食生产功能区里租种耕地，功能区内农田基础设施条件完善，道路畅通、排灌方便、用电便捷，最适于开展机械作业，这为蔡斌斌大展拳脚，开展机械化生产提供了极大的便利，也大大降低了人工劳动成本。

目前，蔡斌斌的全部水田均用于种植水稻，大部分用于种植双季稻，少量种植单季稻。种植出来的粮食销路不成问题，早稻收割后都由政府按合同统一收购，早稻的种子也是政府提供的，晚稻则一般由自己对接市场去卖，大部分卖给上门收购或电话联系的商贩。

一边是较好的销路，一边则是供应不足。在蔡斌斌看来，80 多亩的种植规模感觉还是太小了，但扩大种植规模则面临着极大的土地流转难题。每次租用土地，都需要蔡斌斌自己直接与农户谈，而每户拥有的剩余土地面积毕竟有限，较高的谈判时间成本，得来的却是较为分散的土地，给机械作业带来难度的同时也给自己带来了莫大的经营压力。再加上土地租金逐年升高，2013 年每亩土地的租金是 400 元，按照现在的趋势可能还会继续增加，也为走规模化生产之路设置了障碍。

此外，除自有机械可以完成的田间作业外，蔡斌斌每年还需支付一大笔人工费用，雇佣临时工来完成机械所不能完成的其余水稻种植劳动。按照目前每人每天平均 150 元的报酬标准计算，尚能获取少量的种粮收入，若按现在的趋势人工费继续上涨，蔡斌斌想通过种植水稻来获得稳定收入的愿望就有可能落空了。

但在蔡斌斌看来，上面所说的土地流转困难、人工费上涨压力倒在其次，自己购置的机械没有库房存放是目前最棘手的事情。“现有的五台收割机只有两台存放在库房里，而且还不是那种专业的农机库，只是自家地里盖的简易小平房，另外三台只能露天放着，风吹日晒，损耗十分严重。但是批地建库房很难的，目前也只能这样了。”蔡斌斌无奈地说道。他希望有关部门能够重视，尽快出台相关政策来解决库房批地问题。

作为一个从事粮食生产的年轻人，蔡斌斌的田间管理知识还很有限，管理经验也有些不足，还需要今后不断的积累和磨练。尽管乡镇每年都会组织进行一些培训活动，并通过手机短信的方式发给大家，蔡斌斌每次都会积极参加，但总感觉培训的内容还不够系统，迫切希望能够参加更高层次的农业技术培训课程，系统性增加自身的农业技术知识和管理技能。

在蔡斌斌眼里，国家对粮食生产的关注度和支持力度还是很大的，补贴金额逐年加大，今后种粮的前景依然一片向好，但目前粮食生产与农村其他产业如蔬菜、花卉、苗圃等相比较，相对收益水平还是太低了，这就导致种粮农民在土地流转中存在较大的竞争劣势。而这些，则需要国家、企业和农户三者共同的努力，来营造种粮事业美好的未来！

案例五　回乡创业种田的“农二代”女大学生
——林项霞

在林项霞的记忆里，父亲林发忠这一辈子都在干与种田相关的事情：20岁当上生产队队长，2003年独资承包300亩土地并注册江山市奋发粮油有限公司，2004年开始规模种粮，近年来每年承包粮田6 000多亩，并注册成立了粮食专业合作社、农机专业合作社，农田涵盖5个乡镇、27个村庄、14个片区。靠着自己的双手一步一步建立起“生产基地＋合作社＋公司”这样一个集粮食生产、加工、销售于一体的粮食生产经营模式。随着规模的扩大，林项霞看到的是老父亲的力不从心，他总是说：“辛辛苦苦建立起来的事业，以后该如何管理，而退休后的事业又将由谁来接班?”

听着老父亲的担忧，要不要回家种田这个问题，困扰了林项霞整整一年。在深思熟虑了一年后，她顶着世俗的压力，毅然决然背起行囊，踏上了回乡创业种田的路。

要种田，更要用知识“武装”田地

回乡第一天的小林，是个“三不懂”的小年轻，不懂种地，不懂机器，也不懂管人……是当地种粮大户们眼中的“另类”。

然而，林项霞并没有被眼前的困难吓倒，在老林的帮助下，她从下地熟悉农作物开始，然后慢慢接触机械操作和农事管理，从田间到加工基地进而进军销售终端。为此她省下了逛街的时间，去当地农业局听给农民上的农技课，而她的床头也被各类农机科普书籍占据，甚至在她房间的花盆里，也种上了菜苗……也因为天天都在田间地头，林项霞的皮肤也慢慢变黑了，褪去青涩，成了个地地道道的“农民”，懂得了各类农作物的习性，掌握了机械的操作方法，更具备了一定的农事管理能力。

在老林看来，从城里上过大学回来的女儿有知识，有想法，有冲劲儿。

以前，做了20多年生产队长的他，管理几千亩承包田一直用的是派工、实误实记的生产队管理模式。而女儿林项霞说，要把企业管理办法用到承包田管理上，用知识“武装”田地，而在老林眼里，几十年的父老乡亲，企业管理会不会疏远了大家之间的关系，他有些为难。父女俩几经辩论，老林最终还是听从了女儿的建议，实行“差田包工不包产、好田包产包成本、超产全奖承包者”的新管理模式，很多种田人的积极性一下子都提高了，种粮效益也大大提升。

对于种粮的新品种、新技术，林项霞从不吝于学习。每逢企业与基地对接会、农业机械博览会、农博会等，她都会去参加。有时，还组织社员们到外地考察先进做法，回来大胆尝试，让社员们受益良多。这几年，在林项霞的大胆试验下，他们引种试种了省农科院的“杭优3号”香米，并在江山农业部门的大力支持下，做成品牌，包装成“幸福乡村香米”，这种米每千克卖到了24元。2012年，林项霞和父亲所承包土地的净利润达到了100多万。

2012年，为了更上一层楼，林项霞参加了浙江农林大学的现代农业领军人才班，进修三年，以提高种粮生产管理本领……

要种田，更要用科技引领方向

眼下，水稻育秧即将开始，林项霞正忙着联系农技员。2012年，她带领合作社社员到金华考察现代育秧技术，回来后，并着手置办一个面积为200多平方米的智能化温室育秧室，提高育秧科技化水平。

近年来，江山农村合作银行推出针对种粮大户的“丰收粮农直通车”贷款，以种粮直补资金、购置农机具补贴资金、订单收购资金和土地流转经营权等作为还款保证，支持种粮大户的科技转型。在此契机下，林项霞抓住机遇，将贷款引入育秧室的建设当中，投资及配套设备近75万元。育秧室占地面积200平方米，配备播种流水线两条，育秧盘35 000只，预计一批量最多可育苗4 000盘。与传统大棚相比，大大提高了育秧的科学性和专业性，同时减少了劳动力的支出，育秧的数量和质量也同比提高。

现在，不时有人从外地赶来参观考察智能化玻璃育秧室，林项霞都会为他们介绍育秧室的详细情况。目前，智能化玻璃育秧室已投入运营。

自从林项霞回乡后，像这样的新设备和技术，引进来的还有很多。林发忠也实实在在看到了很多改变：在全省率先引进稻鸭共育、冬季闲田加种冬春榨菜、开发山田种旱稻及紫色番薯等，承包田里出现的新面孔，销路不错，还带动了周边农户增收；2012 年，承包田里试种了 600 亩向日葵，三个月的开花期中，游客纷纷前来观赏、摄影；2013 年，公司的农产品直营店即将开业，同时开始网上销售。这些，都是科技带来的新变化。林项霞也一直认为，要跳出地理的局限，多和外界打交道，扩宽发展思路，充分应用与推广新品种、新农技、新农机，带动周边农民走规模经营和发展高效农业致富的道路，取得良好的经济效益和社会效益。

要种田，更要用组织规范管理

林项霞的父亲林发忠在 2005 年组建新生粮食专业合作社，大大提高了农户们的规范化种粮能力。自合作社成立以来，先后生产、销售商品粮 1.2 万吨，其中完成国家早稻订单 0.54 万吨。2012 年承包流转土地面积达到 4 275.5亩，种植粮食作物 5 254 亩，粮食总产量达到 2 148 多吨，水稻平均亩产量 425 千克。

身为合作社理事的林项霞，经常会忙着到江山清湖、淤头等乡镇，一家一家找农户、村主任，谈土地流转事宜。她想承包更多土地，打造更大规模的现代化农业。为适应规范化管理需要，2010 年 10 月，她还招聘了 3 名大学生从事会计、物流、市场营销。将合作社真正带入组织化、规范化管理的道路。

但在林项霞看来，这些似乎远远还不够。2013 年，中央 1 号文件提出鼓励扶持家庭农场，随后，《江山市家庭农场工商注册登记办法（试行）》出台，率先推出家庭农场工商注册登记办法，其中明确了家庭农场的概念、申请注册应当符合的条件和应提交的材料。这个在中央 1 号文件里出现的新名词，虽然还没有统一的认定标准，在工商注册系统中也只是以“农场”出现，但林项霞还是感觉到它将带来的变化，“这是发展方向，三五亩地的小打小闹已步步难行。”因此，她2013年的头等大事，是去工商局注册成立“家庭农场”。

在衢州市，像林项霞这样的大户还有很多，自中央1号文件明确提出家庭农场后，前来咨询的农户不下50户，目前已经有26户农户办理了家庭农场注册登记。而此次家庭农场的注册登记可谓高标准、严要求，不仅规定合法有效土地流转期限需5年以上，粮油、食用菌、家禽的经营规模也分别要达到50亩、5万袋、年出栏1万羽以上。按照“成熟一个，发展一个”的思路培育发展家庭农场，进一步加快构建新型农业经营体系，促进农业增效、农民增收。

案例六　新型家庭农场主
——何伟杰

何伟杰，男，42 周岁，高中文化程度，金华婺城区汤溪镇山纺村村民，中共党员。高中毕业后回乡务农的何伟杰，一直以从事农业劳动为主，期间虽有过办厂经商经历，也曾担任过村干部，但从未有过放弃种粮的念头。由于长期在农村从事农业劳动，他学习积累了丰富的传统种粮种植的方法技术。

根据自身技能特点，何伟杰在经历了经商办厂、外出打工等磨练后，发现自己在其他方面的劳动技能相对不足，也缺乏外出谋生的技能，经营管理能力欠缺。因此，在他看来，只有充分发挥自己的技术优势，安心从事田间生产，才能真正实现致富梦。随着农村越来越多的村民外出打工，农村闲置的耕地逐步增加，何伟杰先是把一些本村村民闲置的耕地拿来耕种，后来耕种的土地面积越来越大，耕地面积的扩大促使他开始考虑用现代机械替代人工劳动，并着手购置了一批农业机械，机械的购置又进一步促进了其耕作规模的扩张，两者良性循环，造就了一个在当地远近闻名的家庭农场主。

目前，何伟杰一户耕种的土地面积约 870 亩，全部用于种植水稻，而这 870 亩水稻耕地主要来源于三个部分：一是自己家承包经营的耕地，面积很小，只有二三亩；二是租种本村农户家庭承包的土地，大约有一半，租种的这部分耕地大部分没有租赁合同，基本按实物租金的形式一年一付；三是从十里坪农场承包过来的土地，大约也是一半，这部分土地签订了承包合同，相对是有保障的。

在 2008 年到 2012 年的近五年间，何伟杰承包的水稻种植面积并不一致，依次为 370 亩、1 170 亩、1 170 亩、1 170 亩、870 亩。尤其是 2012 年，耕种面积较前一年有了一个较大幅度的萎缩，为何会有这样的变化呢？何伟杰道出了其中的原因：这几年，婺城区苗木种植业迅速发展。由于水稻种植业能够承担的土地租金无法与苗木种植竞争，相当部分的农户把原本交由何伟杰种植的耕地收了回去。以后 870 亩的规模能否稳定，何伟杰自己也说不准，但按照目前的态势，前景依然十分令人担心，以后可能还会继续萎缩。

而之所以选择水稻种植作为重点发展方向，何伟杰也说出了自己的原因：一是家族里有种粮传统。家中祖祖辈辈都是以种粮为生的普通农民，终年面朝黄土背朝天，有着丰富的粮食种植经验；二是种粮收益比较稳定。主要是技术要求不是太高，适合像自己这样没有受过系统教育的农民，此外，粮食价格也相对稳定，特别是在政府给予粮食生产补贴的情况下，可以保证其收益；三是就目前来看，除去种粮，似乎没有其他更好的选择。

随着婺城区种粮机械化率的提高，何伟杰也为自家购置了一些器械，目前家中共有 8 台不同类型的农机具：1 台拖拉机、1 台耕整机、2 台插秧机、3 台收割机、1 台烘干机，基本可以满足田间生产的需要，还有对外提供机械服务的能力。最令他高兴的是，家中所有农用机械的购置均获得了政府补贴，讲起这些补贴，何伟杰脸上总是挂满笑容。但是，尽管购置了一定数量的农业机械，生产规模也相当大了，但却没有建立专门的仓房和农机库，"一方面是过去一直把机器停放在自家院子里或周边的空地上，已经成为一种习惯，觉得没有必要，另一方面是建库房的投资压力以及批地存在较多的麻烦。"何伟杰这样说道。

目前，粮食销售并未遇到什么大的问题，早稻主要通过政府合同收购，而且政府有专门的早稻种植补贴，晚稻则是自由处理，可以送到政府粮食收购部门，也可以自行销售，大多数情况下都是市场粮食流通企业下村甚至到田头收购，给农户减少了许多诸如烘干晾晒、运输之类的麻烦。但由于粮食种植用地租金不具有竞争优势，可能影响到粮食种植规模的稳定，何伟杰也希望政府能够提供土地流转租金补助，此外，还希望政府能够加大种粮直补、良种补贴、农资综合补贴的力度。

当然，种粮也并不总是一帆风顺的。目前存在的问题是由于所种耕地所在区域未经过土地整理，土地平整度不高，沟、渠、路系统极不完善，给机械化生产带来一定的影响，其次另一个困扰的问题则是灌溉水系不配套，遇到天气干旱的年份有大量耕地无法得到及时灌溉。因此，何伟杰一直希望政府能够进行一次全面的土地规划整理，扩大有效灌溉面积。当前，在何伟杰看来，水稻生产面临最突出的制约体现在：农资价格过高、土地太分散、水利设施不完善。

形成规模化生产以后，除自家劳动力及机械外，何伟杰还雇佣了劳动力，但各年度的耕作规模不同，雇佣劳动的数量也有所差异。为节省雇工成本，他都是采用季节性雇工的方式，没有长期雇工，随着雇工工资的迅速提升，现在的雇工工资已经成为压在粮食生产者身上的一个重要负担。2010年，婺城区汤溪镇的季节性雇工工资为90元/天；2011年，工资上升到100元/天，而2012年进一步上升到了120元/天，这一工资标准还有进一步提升的趋势。说起这些，何伟杰的脸上又浮起了一丝愁容。

作为一个新时代的家庭农场主，何伟杰对当前政府对粮食生产的各项补贴是基本满意的，对近三年的种粮效益也基本满意，并表示今后仍会继续种粮，在为家庭带来稳定收入的同时，也用自己微薄的力量，为种粮事业添砖加瓦。

案例七　米票换粮——湖州南浔丰穗粮油农机专业合作社

近年来，我国农村土地流转方兴未艾。但是，随之出现的土地流转纠纷不断。其中一个重要原因，就是流转土地的报酬问题没有得到很好的解决。目前大多数地方流转农民的土地，都是以租金的形式作为回报。这种方式的好处，是直截了当。问题在于物价在上涨，农民的收入需要年年提高。而一次定“终身”的租金，却没有变动。农民需要土地租金逐年上升，土地流转者认为无利可图。双方的“拉锯战”，导致不少地方土地流转难以进行。有没有一种能够使农民和流转土地者都可以接受的土地流转报酬方式呢？湖州南浔丰穗粮油农机专业合作社用“米票换粮”的做法，就很好地解决了这个问题。

在浙江湖州南浔区迎春村，农民的田地出租给湖州丰穗粮油农机专业合作社耕种，每年换来的租金不是现金，而是一张张“米票”。凭着这些米票，农户能随时到合作社换取需要的粮食，粮食保管的费用、加工费等都不再收取。出租土地给合作社的农户，每年每亩可领取700斤鲜谷；或按700斤鲜谷的重量，根据当时的米价折合成现金，或大米300斤（凭“米票”随时领取）。这种方式受到当地农民的欢迎。

米票代替租金农民省心

米票代替租金乍一看好似古代的“以物易物”交易，以一种物品来兑换另一种物品。深入研究，这是两种不同的交易方式。古代的“以物易物”是在货币没有出现时，人们进行贸易的初级方式。而当今土地流转过程中出现的米票代替租金，是在农村经济社会发展到较高水平时，出现的一种全新的交换方式。

民以食为天。无论农村居民，还是城市居民，粮食是不可或缺的最基本的生活资料。农民将田地出租给合作社，不直接从事粮食生产，也就没有自产粮食的来源。如果田地流转以租金作为回报，农民势必要到市场上去购买粮食。市场上的粮食价格是起伏不定的，总的趋势是上升的。有限的田地租金购买价格不断上涨的粮食，实际上租金就大打折扣了。湖州南浔区迎春村合作社以米票代替租金的做法，不但使出租田地的农民得到了粮食，而且在自己食用之余，可以按照市场价格出售获得合理收入，得到价格上涨带来的好处。

米票代替租金农民省力

属于笨重商品的粮食，保管损失不可小视。以我国农村现有的储粮水平，粮食的产后损失一般在8%～10%。湖州丰穗粮油农机专业合作社用米票代替租金，农户能随时到合作社换取需要的粮食，不收取保管、加工费，为出租田地的农民节省了大量的人力物力费用。

一是节省了建设家庭粮仓的费用。农民自己生产粮食，总要留下口粮，或者商品粮。储存这些粮食，就需要建设家庭粮仓。一个家庭粮仓少则需要花费一两千元，多则需要花费三四千元，田地多的家庭粮仓需要更多的开支，而且需要年年维护。米票换取租金后，农民不需要建设家庭粮仓。合作社给农民的粮食，储存在合作社的仓库里，随要随取，原粮、成品粮随心所愿。

二是节省了粮食原粮搬运的费用。农民自己种粮，收获后需要将粮食搬运至家中，至少增加两个方面的开支。其一，整晒成本。粮食收获后，需要整晒。一家一户的粮食一般需要两天整晒，折合劳动力成本就是300元左右，相当于200多斤稻谷的价款；其二，需要搬运至家中，也至少需要花费一天的时间。同时，食用时还需要再次搬运至加工厂，也同样需要花费一天的时间，差不多又相当于200斤稻谷的价款。而米票换粮食后，这些费用就免掉了。

三是节省了粮食保管的费用。农村家庭储粮条件都比较差，虫、霉、鼠、雀等对储存粮食的损失远比人们想象的要大。而米票换粮食后，农民就省去了这笔费用。

米票代替租金合作社省资

米票代替田地流转租金，不但使出租田地的农民省心省力，更重要的是流转田地的合作社既省资，又有了长期发展的好环境。粮食生产的投入是比较大的，而且收回投资的周期是比较长的。通过米票换租金的方法，合作社不用在产前给农民租金，而是在产后给农民稻谷或大米，这样就无形之中减轻了合作社的生产投入。合作社通过流转田地，可以实现集约化、规模化经营。有了一定规模的田地，合作社就可以大量使用机械化耕作。现代化机械的使用，不仅大大减轻了劳动强度，也成倍数地提高了劳动效率。通过新技术的推广使用，还可以提高单位面积的产出率。据流转浙江湖州南浔区迎春村田地的丰穗粮油农机专业合作社法人代表钱宇明介绍，合作社的每亩土地能增收粮食 40 斤左右。

米票代替田地租金，达到了农民与合作社的双赢：农民不再为租金的固定不变找合作社理论，合作社可以安心从事粮食生产，创造了良性发展的好环境。

案例八 "田保姆"——诸暨市新南粮食专业合作社

新南村地处诸暨市西南面12公里处，诸齐公路旁，浦阳江边，交通便捷，地理环境优越，村域面积1.5平方公里，总户数482户，人口1 280人，党员62人，耕地面积1 260亩。全村经济总收入达2 848万元，人均纯收入达22 245元，拥有村级集体收入45万元。

新南村主要以农业、建筑业为主要产业，集粮食生产、提子种植、水产养殖等特色农业为一体，是诸暨市级现代农业园区，国家级新品种展示基地。村基础设施完备，近年来获得了绍兴市新农村建设全面小康示范村、绍兴市民主法制村、绍兴市卫生村、绍兴市"五好"基层党组织、绍兴市绿色生态村、诸暨市样板村、诸暨市文明村、诸暨市文化特色村、诸暨市电气化示范村、诸暨市新农村建设示范村、浙江省绿化村、浙江省优秀专业合作社、绍兴市十佳粮食专业合作社等荣誉。目前已基本实现"农民生活小康化，生态环境园林化"的目标，呈现出社会主义和谐新农村的崭新面貌。

新南村素有种粮传统。1996年，率先在诸暨开展水稻抛秧，引领农作技术创新，得到省、市农业部门重视。此后几年，随着农村工业化和市场化的快速推进，种粮与经商、办厂等高收益相比，渐渐失去了吸引力，该村70%的村民洗脚上岸，离开耕作多年的土地，农田抛荒现象日渐普遍。谁来种田？怎样种田？2007年6月，新南村两委发起成立植保专业合作社，当起了1 000多亩土地的"田保姆"。合作社聘请8个专业队对土地统一管理，实行"统一品种、统一育秧、统一机插、统一植保、统一灌溉"的运作模式。每户农户只需缴纳每亩土地100元的施肥用药成本，即可放心地托管自家土地，放心收获粮食。农民当起"掌柜"，合作社成为"雇工"，让大多数农民从土地上解放出来。同时，合作社统防统治，采用先进农机、统一管理，提高了工作效率，节省了用药成本，减少了农业面源污染。据统计，统防统治的水稻每亩用药7次，用药成本83.40元；未参加合作社的农户用药9.5次，每亩用药成本131.60元，成效十分显著。

新南粮食专业合作社在2008年由村两委主导成立，周渭兴自任社长。此后，合作社建设了育秧中心，购置了碎土机、筛土机、育秧流水线、高速插秧机等一批农业机械，成立了8个植保服务队，队员达30多人。全村1 220亩水田都在合作社的运作下，实行统一规划布局、统一品种、统一机播育秧、统一机插、统一测土配方施肥、统一病虫害防治、统一田间管理、统一机收的“八统一”耕种模式。流水线式的管理，让新品种、新技术得以应用。当年起，合作社参与省里主导的粮食高产创建活动，冬种生产建立千亩小麦“扬麦11”示范方，晚稻生产建立千亩杂交粳稻“甬优12”机插示范方。2008年，新南村小麦加上杂交粳稻两季亩产量达1 080千克，突破“吨粮田”水平。

在粮食生产功能区建设过程中，村里在各级资金扶持下，投入100多万元，兴建机耕路600多米，硬化机耕路面800多米，新建和改造灌溉机埠2座，实现了田成方、路成网、灌得进、排得出。另外，村里改造了统一育秧的10亩秧田，使机械化插秧能力达到1 000亩以上，可满足全村的用秧需求。

2010年新南村投资70多万元建设了新南村粮食育秧、烘干、加工“三中心”。另外，加工中心建成后，稻谷可就地加工成大米销售。这样一来，种粮的产业链将延长，效益也将进一步提升。

2011年，合作社还与农民约定：每年晚稻收割结束，入社农户可根据农田面积，按每亩350千克的标准分得稻谷。不愿加入粮食合作社的极少数农户，每亩也只需花费200元，就能得到合作社提供的育秧、收割等全套服务。

正在劳作的村民楼望苗说，先前自己插秧、耕田、收割样样都管，现在，全村绝大部分土地都交给粮食专业合作社打理，年底能免费从合作社拿稻谷。为合作社打工，每天还能获得80元务工费，实现了两头得利。村民周忠林一边拾稻谷，一边说，自从将稻田交给合作社管理后，全村的粮食普遍高产。现在，全村粮田只用20多人就能全部管理下来。

通过小麦、晚稻科学“三新”技术及“八统一”实施以来，2011年度小麦“扬麦11”，每亩单产330千克，晚稻杂交新品种“甬优12号”，每亩单产851.6千克，每亩可增产250千克，年降低成本23万元，可增加产值38.5万以上。目前，金色的稻穗“甬优12”高产品种随风此起彼伏，已成为全市独一无二的现代农业展示基地。

案例九 生产服务一体化的综合性合作社
——新益农粮油专业合作社

缙云县新建镇地势南面、西面高，东面低，北面有宏坦山与永康市相隔。金丽温高速公路自北向南穿境而过，属中亚热带季风气候区，温暖湿润，四季分明，水源充足，雨量充沛。新建盆地是缙云县最大的盆地之一，有小型以上水库 51 座。新建镇水田面积为 1 440 公顷，山林面积 7 342 公顷，历来是缙云县的重点产粮区。

创新统一服务：电话遥控种田

与缙云县重点粮食生产功能区这一身份不符的是，新建镇常年有 2 万多人在外养虾、养鸭和进厂务工，粮食生产劳动力相对不足，于是生产环节的社会化服务需求日益迫切。应瑞呈正是瞄准了这其中的商机，组织成立了缙云县新益农粮油专业合作社。合作社于 2009 年 6 月成立，注册资金 10 万元，成员总出资额为 10 万元。到 2012 年，拥有成员总数 65 人，其中农民成员 60 人。

身为合作社负责人的应瑞呈，担任合作社社长已有 4 个年头。缙云县劳动力不足的现状，他时时看在眼里，他总是在想，何不成立一个合作社，来统一提供服务，以解决在外务工者们的种田问题。就这样，缙云首家育供秧中心就这样成立了。

每天，应瑞呈都会接到这样的电话："我在工厂走不开，你先帮我家的秧插了"。只这样一个电话，下午 1 亩多田就插上了绿油油的水稻秧苗。应瑞呈的合作社几乎包揽了整个自然村 300 余亩单季稻的"种田活"，他得意地说："育供秧机械化作业一条龙服务，村里外出的人只要打个电话遥控下，就能把田种好了。"像这样的情况在新建镇总是屡见不鲜，合作社负责统一购种、统一机械育秧，以及提供机械插秧、水稻种植统防统治及机械收割等一条龙服务，让外出打工人员做到种田务工"两不误"，同时，由于实现机械化统一育供秧，减轻了农民的劳动强度，降低了种植成本，稳定了粮食种植面积，还能统一购到农业部门推荐的好种子，便于统一防治管理，提高农民收益。

更可喜的是，在缙云县实施统一育供秧的，每亩能得到40元的补助，因此农民的成本就又下来了，合作社购置插秧机也能得到农机补助。政府支农力度的加大，提高了农民种粮的积极性。

完善内部治理：生产与服务一体

在应瑞呈看来，一家合作社，只有服务没有生产不行，而只有生产没有服务更不行，因此在新益农粮油专业合作社成立之初，就定位于集生产与服务为一体的综合性合作社。

目前合作社水稻种植面积150亩，全为中稻，规模自合作社成立至今从未变动。其中流转面积为80亩，全为本村其他农户租入，均通过合作社直接与农户口头协议。而在提供服务方面，合作社拥有插秧机一台，担架式喷雾器2台，为60个入社成员统一提供生产经营服务，此外，还包揽了整个自然村300余亩单季稻的种田活，为周边农户提供相关有偿服务，以此获得收益。

合作社提供的服务项目包括：一是育、供、插秧服务。合作社有育种流水线一条，秧盘6 500个，插秧机一台，每年服务面积将近1 000亩，实行实物收费方式，每亩收费100斤稻谷；二是统防统治服务。合作社有统防统治机动喷雾器背包式15台，电动1台。喷雾器由合作社统一管理，农药统一购买。病虫害防治2012年开始全托管。2011年服务面积600亩，2012年面积达到了650亩。政府对承担统防统治任务的合作社按每亩40元的标准给予补贴，合作社则需承担机械器具损耗、人工费用、农药购买成本等统防统治成本。

从总体上看，合作社机耕、机收服务水平依然不足，这是应瑞呈的一块儿心病，“目前，我们还缺乏一定的资金来购买相应的机械，希望在今后，通过购置机器，合作社能弥补上这一块的服务，让社员们更加满意”。

政策导向倾斜：种粮大有可为

尽管镇里的人一波一波的外出打工，应瑞呈依然认为，合作社把经营和服务的重点选择在水稻种植领域，大有可为：一是近年来政府对粮食生产的高度重视，政府对粮食生产领域的大量补贴构成了从事粮食生产收入的重要部分；二是合作社成员过去基本以粮食生产为生，有粮食生产种植的历史传统，缺乏种植其他作物种植的经验；最主要是，与其他作物相比，种粮收益更加稳定。

在今后几年内，合作社计划继续扩大粮食种植面积，但也面临着巨大难题，如土地流转难、直补力度低、农资价格高等。

对合作社未来的发展，应瑞呈也有自己的担忧。农机利用率过低、收益难以保障等都阻碍了合作社的发展。政府补贴是合作社收入的重要来源，但这部分收益能否长期稳定，是一个不确定因素。但应瑞呈也坚信，生产与服务一体化的综合性合作社，是粮食生产经营主体今后发展的方向，是正确明智的选择。

案例十 粮食产供销一条龙的新型主体
——鄞州横涨粮草专业合作社

近几年，宁波市鄞州区狠抓农民专业合作社的培育发展。目前，区内合作社已初具规模，成为发展现代农业、推广农业新品种新技术、促进农民收入增长的重要组织力量，是实现农村经营体制创新的突出亮点。2013年初，全区合作社已达302家，其中备案登记的有175家，共有社员3 680人，注册资金5 384万元，带动农户10 670户，联结基地169 759亩。同时合作社规范化程度逐年提升，目前为止全区86家规范化以上合作社中有市级示范性合作社16家，省级示范性合作社9家，全国示范性合作社1家。

合作社产业门类日益丰富。从产业分类情况来看，农民专业合作社涉及种植、农机、水产养殖、畜禽、林业、植保等农业各个产业。合作社内在实力也有了很大提升，呈现跨区域发展趋势。针对鄞州区人多地少，土地资源日益紧张的现状，为进一步扩大经营规模，提高经营效率，部分合作社实施了“走出去”战略，在异地建立合作社基地，其中，横涨粮草专业合作社将在湖南建2万亩粮食基地，成为粮食生产合作社中尝试“走出去”开拓基地的典型代表。合作社自成立以来受到各级政府领导的关怀和大力支持，连续3年被鄞州区石矸街道评为“粮食生产先进单位”。

修炼内功：完善规章制度

宁波市鄞州横涨粮草专业合作社成立于2006年10月，由横涨村杨伟珍等7户农民发起组建，注册资金10万元，是一个以粮食种植、加工和销售服务为主的专业合作社。《农民专业合作社法》实施后，横涨粮草专业合作社瞅准时机，于2008年3月进行变更，成为真正的合作社法人。经过近7年的发展，合作社从当初的7个社员增加到目前近200户，承包粮田1 800多亩，年产粮食上千吨。

发起人杨伟珍等认为，一家合作社要正常运营下去，且要实现盈利，科学化管理是必要的，而要实现这一点，必须首先完善内部规章制度，使得合作社内部规范有序运转。为此，他们健全民主机制和监督机制，执行财务制度和核算办法。为每个成员设立成员账户、颁发成员证书：主要记载该社员的出资额，量化为该成员的公积金份额以及该成员与本社的业务交易额。经过合作社社员的共同努力，只 2011 年一年，社员平均收入就比上年同期增长了 30%以上。

同时，为提升产品质量，提高合作社自身价值，2010 年合作社申报了无公害和 QS 生产许可证，2011 年已通过无公害和 QS 生产许可证的认证。合作社本着“服务农户，合作共赢”的宗旨，在国家惠农政策的支持下，自身的管理水平不断提升，走出一条“产、加、销”一条龙的发展模式，对地方的粮食生产起到了很好的示范带动和辐射作用。

强体健身：田间管理升级

在完善规章制度，修炼好内功的基础上，杨伟珍等人又寻思着如何才能将合作社变大变强，实现粮食生产的现代化。首先，他们想到的是提升合作社的机械化率。2012 年，合作社拥有拖拉机5 台，耕整地机械 5 台，收割机械 3 台，插秧机械 5 台，播种机械 1 台，排灌机械 22 台，烘干机等其他机械 12 台。在原有农机具配套的基础上，合作社又购置了大型的配套拖拉机，基本实现了粮食生产环节的耕地、播种、病虫害防治、收割、烘干和加工全程机械化。2010 年更新了粮食加工成套设施，生产加工的大米达到 GB1354—2009 标准。

2010 年的一次机遇，让合作社往现代化的道路上又迈进了一大步。10 月份，鄞州供电局积极响应区委、区政府的号召，决心用 3 年时间，全面改造 2 300 多千米长的农用线路。2011 年1 月，横涨村作为试点之一，率先开展农用线路改造，当年 8 月工程告竣。农田里破旧、高低不齐的电杆被拆除，8 米高的水泥电杆整齐地立在农田外，线路换成大截面导线，计量装置上均安装了漏电保护器。农用线路改造完成后，大大提高了杨伟珍的种田积极性。2011 年 10 月，合作社投资近 120 万元引进农业自动化监控系统，对全社区域内的农业灌溉、加工、植保、机械作业进行中央控制集中管理指挥，真正实现了农业生产管理的数字化、智能化。这套系统目前可以监控600亩农田，实现自动化灌溉、农药科学配方，可操控粮食进仓、烘干、包装，对农机车辆进行卫星监控等。

一走入杨伟珍的办公室，就能看到一整面墙上装着的25个电子屏幕，600亩农田以及粮食加工厂的情况一目了然。屏幕下方的操作台上，有许多红红绿绿的按钮。"这就是农业自动化监控系统。"杨伟珍指着屏幕里的一台抽水机说，"这台抽水机在办公室1 000米之外。"随后，他按了一下绿色按钮，那台抽水机就开始工作了。为此，粮草专业合作社成为鄞州区唯一使用农业自动化监控系统种粮的合作社，2012年，合作社被评为鄞州区农业标准化示范区。

今后，合作社将继续加大科技投入力度，实现跨越式发展。2012年，合作社投资300万元，重新建造15 000吨的标准化粮食加工销售基地，实行粮食的生产、加工、储备、销售一条龙服务。目前合作社正在建造500平方米恒温冷库，建成之后将为农产品保鲜提供一个安全稳定的场所。

扩大规模：实施外拓战略

除去订单粮外，合作社每年有120吨大米供应市场。近年来，通过中国食博会、省农博会等平台，合作社的"七乡桥"大米在宁波市场名气渐大，但与庞大的市场需求相比，合作社的粮食供应能力还很微小。

杨伟珍说："大米每年上市后，数量只能供应一个多月，而很多顾客希望能长期提供。"同时，随着智能化系统的应用，合作社粮食生产加工能力大幅提升，但土地瓶颈束缚了合作社大规模粮食生产需求。因此，"走出去"开发基地，成为横涨粮草合作社的必然选择。

2011年，合作社在政府的牵线搭桥下，组织成员参观了湖南汨罗的粮食基地，在汨罗市招商局帮助下，与汨罗市几个乡镇订下了2万亩托管农业基地，真正实现了合作社的"走出去"战略。

当然，对于"走出去"开拓基地的首次尝试，杨伟珍自然十分慎重。之前，通过多地考察，他发现湖南种植上来的"瑞丝贡米"米质特别好，是汨罗市特有的品种，米粒晶莹，米饭糯性适中、微黏，在宁波市场试卖了一部分后，很受消费者欢迎。2014 年起，合作社在汨罗市种的“瑞丝贡米”将逐渐上市，主供宁波市场，为消费者提供优质、安全、营养、价廉的大米。

回馈社会：加大服务力度

崭新的明黄色厢式货车上，印着“城乡流动粮站”几个红色大字，车门上还有醒目的“七乡桥”商标，这就是横涨粮草专业合作社的“粮食大篷车”。“我们想利用这种车送优质大米进城。”合作社社长杨伟珍说道。

“送粮进城”的想法，源于连续 3 年参加中国食博会的经历。“我们合作社的品牌大米品质、口味都非常好，不少在食博会上买过我们大米的市民还想回头再买，但我们没有配送服务，有的市民干脆自己开车到合作社来买。”杨伟珍说，2012 年有一对住在宁波市区的老夫妇，打车到合作社买了 20 斤大米，买大米也就 50 多元，来回打车费就花了 60 多元。因此，为满足市民需求，提升合作社服务社会能力，大家决定开一个流动粮站，方便市民，送粮进城，双休日开到宁波的各个有需求社区。

为提升合作社粮食品质，为市民带去安全可靠的粮食，合作社坚持不用高毒农药。合作社还摸索出了一些少用农药的方法，如，对付稻叶枯萎等问题，老社长自己研制了醋加水喷洒的方法，效果很好。连续 3 年，合作社都自己出钱把大米送到有关部门检测。在 2013 年 9 月一份由鄞州区食品安全检测中心出具的报告上，横涨稻草专业合作社的大米在农药残留、碎米率等多项指标上都远远低于国家标准。

同时，为促进农民增收，保障社员利益，合作社也下了很大的功夫：一是注重科学技术的普及与推广；二是生产资料的统一购买使用；三是平价供应社员口粮；四是发挥带动辐射作用。2013 年，合作社又一创新之举——成立名特优农副产品展销中心，承诺只要是鄞州农民自己产的名特优农副产品，来展销中心展示推广，一年之内不收一分钱。杨伟珍认为，多个展示平台就多条销售渠道，如果全区的农副产品都愿意来此长驻推广，也会同时带动自家“七乡桥”牌农产品的销量，实现双赢。

案例十一　粮食生产的市场化服务主体——缙云县绿谷农资有限公司

2006 年，丽水市缙云县供销社牵头组建了绿谷农资有限公司，定位为具体承担全县农资连锁经营网络建设任务的龙头企业。目前，“缙云绿谷”农资连锁品牌初步打响，以大型农资配送中心为龙头，各乡镇店为骨干，一大批村级社区店为基础的新型农村流通网络连锁体系框架构建成形，在缙云农资供应市场中发挥了主渠道作用。

日益完善的农资流通网络

绿谷公司注册资金 365 万元，由县供销社控股、农资批发大户作为自然人参股。2008 年 9 月，实施重组后，股东结构调整为供销社及负责人这两位股东。目前，公司年销售规模约为 3 000 万元，主要来源于农药、化肥、农膜收入。

作为一家粮食生产的市场化服务主体，绿谷公司以打造现代农资连锁经营网络为己任。目前在全县有 89 家连锁店，7 家加盟店，服务范围覆盖主要乡镇所有行政村，并力争在近年内拓展农资连锁经营网点，规模将达到 100 个以上，服务覆盖全县各乡镇、社区；连锁经营面达到 95%以上，可为广大农民提供安全、放心、整洁的农资消费环境。

绿谷公司以农资集中配送和连锁经营整合基层社经营网点，统一进货，统一配送，统一价格，统一资金回笼，统一挂牌标示，统一奖惩制度，统一监管，在缙云化肥市场占有率达 85%以上，成为本地区化肥供应的主渠道。并经过多年的探索与改革，积累了一些为农业和粮食生产主体提供服务的典型经验。

依托绿谷公司较为完善的销售网络，保证了缙云县农资市场的稳定，一定程度上规范了市场经营行为，对于促进本地农业增效、农民增收和农村经济发展做出了贡献。尤其是在广大农村社区开设经销店，让农民在家门口就可以买到想要的化肥和农药，公司负责人也一再强调：“让农户都能够买得起，是我们定价的前提!”此外，绿谷公司还承担一定的政府职能延伸，即进行淡季储备，储备量由公司根据行情（价格涨幅程度）自主决定，政府不做硬性规定。

但对于今后发展前景，公司负责人认为，农资销售属于薄弱行业，有土地有农民才会有需求，但是随着大量的土地被征用，种植面积有所减少，因此对公司今后的发展方向路径，还需不断创新和探索。

规范发展农资市场还需政企合力

目前，在农资经营市场上较为突出的困难和问题为：

一是近年来农资价格的不稳定，从事农资批发承受市场风险较大。2008年末，受金融危机影响，农资价格开始大幅跌落，2009年达到最低，使企业损失了270多万，直到2010年才开始有所好转。

二是农资市场竞争存在混乱局面。2009年，国家放开农资经营市场，零售门槛降低导致农资市场的激烈竞争，市场上以次充好、鱼目混珠、侵害农民利益的现象多发。而农民因为自身条件限制和信息不对称等原因，很难区分产品真伪优劣。

三是农资市场竞争激烈，压缩经营企业盈利空间，盈利能力较低。绿谷公司负责人表示，农资销售的毛利润率很低，如复合肥的毛利率仅为3%～5%，一吨只有100～200元的毛利，与之相比，生活资料的毛利率高达10%～20%。

四是政府扶持方面，存在上级雷声大，下级雨点小的尴尬局面。上级给出的大笔扶持金，具体落实到下面，已所剩无几。

对于如何进一步规范发展农资供应市场，绿谷公司负责人提出了两个方面建议：

一是重视安全使用化肥。当前农资市场秩序混乱，要通过农业局农技部门与市场主导力量的结合，建立起有效的监控销售体系。依托绿谷公司这样的市场主导力量，能够对化肥质量安全起到较好的保障作用。

二是重视农民素质技能的提高。如今市场上产品种类繁多，农户如何针对土地的特性科学选择肥料还面临着很大的困难，此外有一些农民认为事故都是化肥的问题，因此还需进一步加强有关科学施肥的知识技能培训，提高农民的认识。目前虽然有测土配方的服务，但是具体实施范围还很窄，亟须加快在乡镇和行政村的推广。

参 考 文 献

莱斯特·布朗.1994. 谁来养活中国——来自一个小行星的醒世报告 [J]. 世界观察 (9).

胡剑锋.2010. 中国农业产业组织发展演变的制度分析 [M]. 北京：人民出版社.

楼永志.2007. 现阶段我国粮食安全的政府调控研究 [D]. 北京：中共中央党校.

洪艳，覃华.2011. 现代农业中新型农民培育——基于大湘西低碳旅游发展视角 [J]. 湖南社会科学 (1).

韩娜，杨宏.2012. 我国新型职业农民培育问题研究综述 [J]. 辽宁经济 (11).

金高峰.2007. 大户经营：现代农业规模经营的有效模式 [J]. 农村经济 (7).

黄祖辉.2009. 新型农业经营主体：现状特征、成长路径、政策需求 [R]. 浙江省政府调研课题报告，2009 年 8 月.

武小惠，杨国玉，陈家骥.2002. 关于农业经营大户的理论思考 [J]. 山西农经 (2).

陈洁，刘锐，张建伦.2009. 安徽省种粮大户调查报告——基于怀宁县、枞阳县的调查 [J]. 中国农村观察 (4).

张照新，赵海.2013. 新型农业经营主体的困境摆脱及其体制机制创新 [J]. 改革 (2).

黄宗智.2010. 中国的新时代小农场及其纵向一体化：龙头企业还是合作组织 [J]. 中国乡村研究 (第 8 辑).

黄祖辉，陈龙.2010. 新型农业经营主体与政策研究 [M]. 杭州：浙江大学出版社.

陈晓华.2012. 现代农业发展与经营体制机制创新 [J]. 农业经济问题 (11).

黄祖辉，俞宁.2010. 新型农业经营主体：现状、约束与发展思路——以浙江省为例的分析 [J]. 中国农村经济 (10).

朱学新.2006. 家庭农场是苏南农业集约化经营的现实选择 [J]. 农业经济问题 (12).

陈家骥，杨国玉，等.2007. 论农业经营大户 [J]. 中国农村经济 (4).

陈洁，刘锐，张建伦.2009. 安徽省种粮大户调查报告——基于怀宁县、枞阳县的调查 [J]. 中国农村观察 (4).

朱红根，翁贞林，等.2010. 农户稻作经营代际传递意愿及其影响因素实证分析——基于江西 619 个种粮大户调查数据 [J]. 中国农村经济 (2).

黎东升，曾令香，查金祥.2000. 我国家庭农场发展的现状与对策 [J]. 福建农业大学学报 (社会科学版) (3).

朱博文.2004. 美法日家庭农场发展的经验与启示 [J]. 农场经济管理 (6).

胡书东.1996. 家庭农场：经济发展较成熟地区农业的出路 [J]. 经济研究 (5).

陈纪平 . 2008. 家庭农场抑或企业化——中国农业生产组织的理论与实证分析 [J]. 经济学家 (2).

黄延廷 . 2011. 我国农地规模经营中家庭农场优势的理论分析 [J]. 改革与战略 (5).

罗必良，李孔岳，等 . 2002. 农业产业组织：演进、比较与创新 [M]. 北京：中国经济出版社 .

杨涛，等 . 2002. 农业产业一体化的新制度经济学理论及其应用 [J]. 农业现代化研究 (1).

胡定寰 . 1998. “内部组织”、“中间组织”、“内部市场”的微观农业产业化 [J]. 经济研究参考 (5).

姜林森 . 2008. 基于新农村建设的新型农民培养研究 [D]. 南宁：广西大学 .

叶新才，徐建华，等 . 2012. 农业补贴政策回顾及政策建议 [J]. 农村改革与发展 (总第 224 期).

浙江省统计局 . 2011. 浙江统计年鉴 (2011)[M]. 北京：中国统计出版社 .

浙江省统计局 . 2012. 浙江统计年鉴 (2012)[M]. 北京：中国统计出版社 .